Elogios para *El infierno* (una guía)

«Dicen que el mayor truco del diablo es convencernos de que no existe. Lo mismo podría decirse del infierno, que en la actualidad se ve con mayor frecuencia como una tierra de dibujos animados habitada por figuras cómicas con horquillas y colas. Pero como Anthony DeStefano demuestra de manera convincente en su apasionante nuevo libro, la realidad del infierno no podría ser más segura ni más terrible. Leer este libro fascinante y a veces aterrador permitirá saber lo que dicen las Escrituras sobre el infierno y descubrir la esperanza que existe para que lo evitemos».

—ERIC METAXAS, AUTOR *BEST SELLER* DEL *NEW YORK TIMES*
Y ANFITRIÓN DEL PROGRAMA DE RADIO SINDICALIZADO
A NIVEL NACIONAL EL *ERIC METAXAS RADIO SHOW*

«Este libro poderoso, inspirador y terriblemente realista, explica en los términos más claros posibles lo que la Biblia tiene que decir sobre el infierno. Una lectura obligada para todos los cristianos».

—MIKE HUCKABEE, EXGOBERNADOR DE
ARKANSAS Y ANFITRIÓN DE *HUCKABEE*

«Sin duda, lo mejor que se ha escrito sobre el infierno. Profundo, provocativo y definitivamente aleccionador, este notable libro es una respuesta clara a cualquiera que alguna vez se haya preguntado si en realidad el infierno existe. ¡Por el amor de Dios, léelo!».

—DR. DICK EASTMAN, PRESIDENTE INTERNACIONAL DE *EVERY
HOME FOR CHRIST* Y MIEMBRO FUNDADOR Y PRESIDENTE DEL
COMITÉ NACIONAL DE ORACIÓN DE ESTADOS UNIDOS

el infierno

el infierno

(una guía)

Anthony DeStefano

GRUPO NELSON

Desde 1798

Título en inglés: *Hell*
© 2020 por Anthony DeStefano, Inc.
Publicado por Thomas Nelson

Publicado por Nelson Books, un sello de Thomas Nelson. Thomas Nelson es una marca
registrada de HarperCollins Christian Publishing, Inc.

Editora en Jefe: *Graciela Lelli*
Traducción: *Eugenio Orellana*
Adaptación del diseño al español: *Mauricio Díaz*

ISBN: 978-1-40022-880-5
ebook: 978-1-40022-881-2

Impreso en Estados Unidos de América
21 22 23 24 25 LSC 9 8 7 6 5 4 3 2 1

Dedicado a todas las víctimas del
mal dondequiera que estén.

Abandonad toda esperanza quienes aquí entráis[*]

A mitad del trayecto de mi vida, me encontré en un bosque oscuro, porque me había alejado del camino recto... No sé cómo entré allí... Pero cuando llegué al pie de una colina que se alzaba al final del valle, mi corazón se sobrecogió por un profundo miedo... Una figura se presentó ante mí: «Tendrás que buscar otro camino», me dijo... «Si quieres escapar de este desierto... seré tu guía y te llevaré desde aquí a un lugar eterno, donde escucharás gritos de desesperación y verás antiguos espíritus atormentados lamentando para siempre su segunda muerte»... Yo le dije: «Poeta, te ruego... ayúdame a escapar de este mal... Llévame al lugar del que hablas para que pueda... ver a los que dices que están llenos de tristeza». En seguida se fue pero yo me mantuve cerca de él.

—DEL CANTO INTRODUCTORIO DE *EL INFIERNO* DE DANTE (TRADUCCIÓN DEL AUTOR)

---

[*] Inscripción en la puerta de entrada al infierno (Dante Alighieri, *El infierno*, Canto 3).

Contenido

Un itinerario infernal: ¿Por qué alguien querría una guía del infierno?   *xiii*

Capítulo 1.   El punto de partida de nuestro viaje:
             El enemigo que llevamos dentro   1

Capítulo 2.   El origen del infierno: La historia
             de los demonios   13

Capítulo 3.   A medio camino del infierno:
             El momento de la muerte   27

Capítulo 4.   Caída como la de un rayo:
             Lo que realmente significa el juicio   39

Capítulo 5.   Evita un movimiento equivocado: Cómo
             darle sentido al sufrimiento espiritual   51

Capítulo 6.   Un anticipo del dolor: El sufrimiento
             en el infierno antes de la resurrección   63

Capítulo 7.   La llegada al infierno: El juicio final   77

Capítulo 8.   Una monstruosa transformación:
El cuerpo humano en el infierno   89

Capítulo 9.   Explora el terreno: ¿Cómo es, realmente,
el infierno?   103

Capítulo 10. Actividades en el infierno, parte 1:
Esclavizados por los demonios   115

Capítulo 11. Actividades en el infierno, parte 2:
Castigo proporcional al delito   129

Capítulo 12. Actividades en el infierno, parte 3:
Relaciones en la ciudad de los condenados 143

Capítulo 13. Un día en el infierno: Sobre la cuestión del
tiempo infernal   155

Capítulo 14. El infierno en la tierra: Asiento preferencial
para un combate inmortal   169

Capítulo 15. ¿Pasaporte al infierno?: Decídete si vas
a hacer el viaje o no   181

Reconocimientos   193
Apéndice: El infierno, Satanás y los demonios en la Biblia 195
Bibliografía   211
Notas   223
Acerca del autor   233

Un itinerario infernal

¿Por qué alguien querría una guía del infierno?

H oy por hoy el mercado ofrece guías para todo. Guías para turismo romántico, con fines históricos, con destinos de lujo, con propósitos religiosos, con énfasis cultural e incluso guías para visitar sitios afectados por la pobreza. Aunque difieren en su naturaleza y estilo dependiendo del énfasis de cada una, todas tienen una cosa en común: dan por hecho que los viajeros *quieren* ir a los lugares que describen.

Esta guía es diferente. Trata de un lugar al que nadie quiere ir o, más precisamente, uno al que nadie *dice* o *piensa* que quiere ir. Sin embargo, si crees en la Biblia, en las principales religiones del mundo y en los más grandes santos y líderes espirituales que han vivido, descubrirás que la gente sigue yendo allí.

Por supuesto, estamos hablando del infierno. La Biblia usa varias palabras de los idiomas hebreo y griego que se han traducido como *infierno*. Estas incluyen *hades*, *tártaro* y *seol*, cada una con un significado diferente. Pero el infierno que nos interesa es el lugar al que Cristo se refirió como *Gehena*, ese abominable «lago de fuego» y «segunda muerte» reservado para los condenados, ese lugar de dolor eterno, castigo, «rechinar de dientes» y angustia.[1]

Según los Evangelios, Jesús se refirió al infierno once veces, describiéndolo en los términos más contundentes[2] y dejando en claro que existe, no figurativamente, ni metafóricamente, ni mitológicamente, sino literalmente. Mientras lees estas palabras, allí hay almas de seres humanos. Y algún día, después de lo que los cristianos llaman la «resurrección de los muertos», habrá más personas en el infierno, no solo en forma espiritual, sino también corporal.[3]

¿Por qué alguien querría una guía para un lugar tan desagradable? Porque no importa cuántos viajes hagas en la vida, solo hay dos destinos que importan: el cielo o el infierno. Y por eso escribí este libro, porque tenemos que *comenzar* en el infierno si queremos evitar *terminar* allí.

Muchos otros autores han intentado escribir sobre este tema, especialmente Dante Alighieri en *El infierno*, John Milton en *El paraíso perdido* y C. S. Lewis en *El gran divorcio* y *Cartas del diablo a su sobrino*. Si bien mi guía no pretende compararse con esas obras maestras, tiene una ventaja: aquellas son poemas épicos u obras de ficción y por tal condición, representan al infierno en términos simbólicos y alegóricos. En cambio, el objetivo de este libro es mostrarte cómo es *realmente* el infierno; mostrártelo en una especie de retrato y en forma muy personal; darte todos los detalles angustiantes; mantener las cosas teológicamente correctas pero sencillas, directas y *reales* tanto como sea posible.

Como todas las guías, esta intenta describir las imágenes, los sonidos y las sensaciones de su destino. Analiza los antecedentes históricos y explora las costumbres locales, sus leyes y sus estructuras de gobierno. Hace referencia al tipo de personas que podrías conocer y describe las acomodaciones disponibles para sus habitantes, así como las actividades preparadas para ellos.

Esta guía está esencialmente diseñada para permitirte visitar el fondo del pozo sin fin sin tener que descender un paso, ver el infame fuego sin que este te consuma y sentir el abominable olor del azufre, hacer un recorrido por todas las torturas infernales de las que habías escuchado sin haberlas experimentado en forma directa y —sería de esperarlo—, sin tener que soportar un sermón excesivamente complicado.

Sin embargo, ten en cuenta que los viajeros que realizan esta excursión hoy deberían tomar algunas precauciones. En primer lugar, al margen de sus creencias espirituales, será necesario que tengan una mente abierta. Por el momento, ni siquiera hemos definido qué es el infierno, ni nos hemos aventurado a decir dónde podría estar ubicado, ni hemos dado detalles sobre cómo creemos que podría ser, aparte de afirmar que existe.

En segundo lugar, es importante que comprendan nuestro alcance limitado. Este no es un libro de apologética cristiana. No está diseñado para demostrar la existencia de Dios ni para probar ninguna doctrina específica de fe. Más bien, asume una creencia básica en Dios y presenta una interpretación ortodoxa de la instrucción cristiana sobre el infierno, una enseñanza que la mayoría de las tradiciones dentro del cristianismo no tendrán problemas para aceptar.

En tercer lugar, debido a este alcance limitado, no trataremos temas como el purgatorio. El purgatorio es una creencia católica que establece que, dado que debemos estar en perfecto acuerdo con la voluntad del Padre para entrar al cielo, hay un proceso de purificación al que las almas salvadas deberán someterse antes de ver a Dios cara a cara. El propósito de este libro no es explicar esa doctrina, que ha sido una fuente importante de disputa entre católicos y protestantes durante cientos de años. Tampoco estamos particularmente interesados en presentar alguna teología moral o dogmática rigurosa. De hecho, hay muchos temas que podríamos explorar en un libro más extenso como, por ejemplo, el significado y la naturaleza del bautismo y la antigua controversia entre la importancia de la fe y las obras. Pero este no es un libro sobre cómo llevar una buena vida cristiana o lo que significa ser salvo. Trata de una cosa: cómo es el infierno. Y si entramos a considerar alguna doctrina teológica será para hacer al infierno más comprensible y creíble.

En esta guía, la credibilidad es fundamental. Por eso, hay un cuarto punto que se debe tener en cuenta. Antes de continuar, deberás estar preparado para participar en una autorreflexión franca. Muchas personas —inclusive buenos cristianos—, tienen problemas para aceptar que un Dios todopoderoso, amoroso y misericordioso pudiera haber creado un lugar tan horrible como el infierno obligando a las personas que supuestamente ama a sufrir allí para siempre. No pueden pensar en la idea de un Dios que sentencie a alguien al castigo eterno.

Esta posición es comprensible aunque solo sea porque se basa en una interpretación defectuosa del concepto cristiano del infierno y la naturaleza del mal. Porque la clave de todo el libro es, realmente, el mal. Esa es la clave para desbloquear el misterio del castigo eterno en el infierno. Como veremos, una vez que comprendas cómo es posible amar el mal, te será mucho más fácil comprender cómo algunas personas desearían estar en el infierno, cómo podrían querer ser castigadas para siempre. Por lo tanto, es esencial que nos embarquemos en un estudio de lo que significa ser malvado.

Por desdicha, solo hay una forma de hacerlo. Para que comprendas realmente el significado del infierno, primero deberás humillarte y buscar el núcleo más interno de tu ser para descubrir *tu propia capacidad para el mal*. Deberás cavar y sondear profundamente, por muy desagradable que sea lo que puedas encontrar. En esencia, tendrás que bajar más que subir. Tendrás que pasar por la oscuridad de tu propia alma para entender la del infierno. Solo de esa manera podrás al final salir a la luz.

Esto implica una franqueza absoluta, que puede ser en extremo incómoda e incluso dolorosa. Y, sin embargo, es absolutamente necesaria para comprender los tormentos del infierno en toda su vívida realidad y entender el tipo de personas que los experimentan. Si todo esto tiene sentido para ti, entonces estamos listos para comenzar nuestro viaje.

El punto de partida de nuestro viaje

El enemigo que llevamos dentro

T odos los viajes, cualquiera que sea su destino final, tienen un punto de partida. Y ese punto de partida suele ser el hogar. El que vamos a hacer ahora no es diferente. Antes de visitar el infierno, antes de definir qué es, antes de referirnos a su historia y significado, y antes de explorar quién va allí y cómo es estar allí, tenemos que hacer algo más. Debemos adoptar la mentalidad adecuada. Tenemos que elegir un punto de origen. No podemos comenzar un recorrido por el infierno *en* el propio infierno. Debemos comenzar en otro lado. Y el punto de partida más lógico es el hogar; es decir, el estado de *nuestras propias almas.*

La razón por la que no podemos comenzar con el infierno es porque las opiniones sobre cómo podría ser varían demasiado.

En un extremo del espectro están los que piensan que el infierno
es un completo disparate, un producto de la superstición religiosa
y psicológica, un castigo ficticio que la iglesia cristiana ha utili-
zado para someter a la gente durante miles de años. En el otro
extremo del espectro están los que creen en una versión ridícu-
lamente caricaturesca del infierno, con un demonio color rojo,
con cuernos, un tridente y expeliendo humo negro por las orejas.

Luego están los que creen que el infierno es un mito, un
producto del pensamiento evolutivo que tiene un gran valor, al
menos en términos de entender la historia humana y la psicología.
Sin embargo, no creen que ese mito tenga, de hecho, una base
real. Por otro lado, algunas personas creen que el infierno es
real, pero solo potencialmente, y que nadie va allí debido a una
doctrina conocida como la salvación universal según la cual Dios,
al final, encuentra una manera para que todos vayan al cielo, sin
importar lo que hayan hecho en la vida.

Por último, están los que creen que el infierno tiene un significado mitológico y psicológico, que en realidad existe en la
actualidad como un lugar o estado de sufrimiento espiritual eterno y, posteriormente, después de la resurrección de los muertos,
de manera física, y que la gente sí va a ir allá. Esta es la posición
considerada como la más tradicional y ortodoxa en la teología
cristiana, y es la de este libro.

Sin embargo, no podemos comenzar por ahí. Hay demasiado
desacuerdo. Primero, tenemos que llegar allá. Y la mejor manera
de hacerlo es comenzando con algo sobre lo que nadie con sentido
común tenga dudas: la conexión entre el infierno y el mal.

No importa cuál sea tu creencia con respecto a la definición
de infierno, todos están de acuerdo en que el concepto del infierno —verdad o no— tiene algo que ver con el concepto del mal,
con las personas malas y el destino final de las personas malvadas.
Si ese destino es o no un lugar real o un estado psicológico o un

estado de aniquilación o un dispositivo literario es algo a lo que todavía no hemos llegado. Pero al menos sabemos que la idea del infierno tiene que ver con la idea de dónde podrían terminar las personas malas. Sobre este punto hay un consenso general.

Ahora bien, si la trayectoria del mal conduce al infierno, entonces el punto de partida de cualquier guía de viaje al infierno debe ser el mal que ya conocemos: es decir, el mal que existe en el mundo en este momento.

¿Qué es exactamente el mal? Esa también puede ser una pregunta complicada. Algunas filosofías ateas niegan la existencia del mal o, al menos, dicen que es necesario que los seres humanos vayan «más allá del bien y del mal» para vivir vidas auténticas. Por ahora, vamos a ignorar esas filosofías. Primero, porque no podemos atascarnos en lo absurdo. Segundo, porque algunos de los ateos que niegan la existencia del mal son también los que han perpetrado los mayores actos de maldad en la historia del mundo: Stalin, Hitler, Mao Zedong y Pol Pot, por nombrar solo algunos.

Además de aquellos que niegan el mal por razones filosóficas, también ha habido un movimiento pernicioso desde la época de Sigmund Freud y el nacimiento del psicoanálisis que clasifica todo lo malo como enfermedad mental. Según esta forma de pensar, Hitler, Stalin y los otros asesinos, violadores y abusadores de niños de la historia no fueron malos; simplemente tenían graves trastornos psicopáticos y antisociales de la personalidad.

Esa no es la comprensión cristiana ni psicológica del mal. Sí, es posible que alguien sea un verdadero psicópata, que posea un trastorno mental crónico que resulte en un comportamiento criminal, pero esa no es toda la historia. El cristianismo siempre ha creído que el mal es una realidad, tanto personal como cósmica, y tiene que ver con las malas decisiones que se toman voluntariamente. Para empezar, muchos psicólogos modernos niegan la existencia del libre albedrío, por lo que también deben negar la existencia del mal y en su lugar atribuir todo comportamiento malévolo a problemas genéticos o de desarrollo en la infancia o adolescencia.

Sin embargo, insisto, no nos vamos a entretener en tales disparates. Para el propósito de esta argumentación, vamos a aceptar lo que las grandes masas de la humanidad siempre han sabido: el mal existe y está a nuestro alrededor, incluso dentro de nosotros, y no hay palabras para describir de manera adecuada cuán increíblemente vicioso, violento, retorcido y abominable puede ser eso.

Una revisión rápida de algunos detalles horripilantes asociados con la actividad humana a lo largo de la historia sería suficiente para establecer esta realidad. Podríamos volver a la historia bíblica de Caín, Abel y el primer asesinato.[1] Podríamos hablar sobre el sacrificio ritual de niños en la antigua Cartago. Podríamos describir todas las opresivas torturas inventadas hace mucho tiempo para infligir un dolor insoportable a los seres humanos, desde la crucifixión hasta el método de tortura de la parrilla medieval y la práctica de hervir a las personas en aceite.

Sin embargo, no tenemos que limitarnos al mundo antiguo. El mal más monstruoso ha tenido lugar en tiempos más recientes y más «civilizados». Entre 1900 y 2020, más de 150 millones de personas han sido brutalmente asesinadas por dictadores totalitarios y sus regímenes.[2] El siglo veinte vio una gran cantidad de guerras despiadadas causadas por esos gobiernos malvados, así como ejecuciones masivas, hambrunas forzadas, gulags, campos de concentración, cámaras de gas y experimentos indescriptibles con niños.

El siglo veintiuno no ha sido mucho mejor. Recuerda el 11 de septiembre y otros actos de terrorismo perpetrados contra inocentes. Piensa en los tiroteos masivos en las escuelas o en las miles de violaciones y asesinatos en serie que tienen lugar cada año en todos los rincones del mundo. Medita en toda la cultura de muerte, con el aborto, el infanticidio y la eutanasia forzada o espontánea que se hacen ley en todas partes del mundo. Piensa en los actos aleatorios y desconectados de crueldad no provocada que vemos en las noticias todo el tiempo: la mujer que roció gasolina sobre sus hijos dormidos y los quemó vivos; el hombre que secuestró a una adolescente, la violó repetidas veces, la apuñaló y le puso sal en las heridas —por último— antes de desmembrarla. Simplemente no hay fin para las atrocidades.

El horror no es solo que las personas están siendo maltratadas; es también la malicia y la barbarie absolutas subyacentes al abuso. No es solo que las personas están matando a otras personas; es también la atrocidad de los asesinatos, el deseo de los asesinos de humillar, atormentar e infligir sufrimiento a sus víctimas. No es solo la sangre; es la sed de ella, el sadismo puro y la maldad en todo eso. Sí, *perversidad*.

No estamos hablando aquí de crímenes pasionales. Tampoco estamos refiriéndonos a crímenes cometidos únicamente por ambición. Estamos hablando de crímenes en los que los perpetradores parecen disfrutar haciendo sufrir a los demás. Estamos hablando de salvajismo frío, premeditado, metódico.

Esta es la cara del mal. Y en esto hay algo definitivamente diabólico, algo de otro mundo, algo desconectado de la psicología anormal o de las políticas autoritarias o cualquier principio naturalista relacionado con la supuesta supervivencia del más apto. Es un fenómeno que se diferencia por completo del reino de los átomos, de las moléculas y del universo material. Es algo que simplemente no tiene sentido en términos racionales. Esta cualidad *espiritual* del mal es imposible de negar. Los ejemplos son muy numerosos, muy sorprendentes y muy retorcidos. El hecho es que si bien el mal no es más poderoso que el bien, ciertamente es más visible. En efecto, el mal es la realidad más visible de todas las realidades invisibles proclamadas por las religiones del mundo.

Por eso, irónicamente, a menudo el mal puede ser la puerta de entrada a una fe y una espiritualidad más profunda de aquellos que tienen una inclinación natural al escepticismo. A pesar de la negación del mal metafísico por parte de la mayoría de los filósofos y psicólogos modernos, muchas personas que tienen dificultades para creer en realidades invisibles y espirituales a veces son llevadas a creer en lo sobrenatural a través de la experiencia innegable del mal. Parafraseando a G. K. Chesterton, la existencia del mal es la única doctrina religiosa que realmente se puede probar de manera empírica. Por eso algunas personas llegan a creer en el diablo *antes* que en Dios.

Más adelante, volveremos a esa paradoja. Por ahora, todavía estamos refiriéndonos a la existencia del mal y su aparente omnipresencia; pero aún tenemos que ir más lejos. Si queremos entender algo sobre el infierno, no podemos limitarnos a hacer una encuesta de los monstruosos malvados de la historia y dejarlo así por la simple razón de que es demasiado fácil descartarlos como monstruos. Es demasiado fácil clasificarlos como aberraciones y excepciones de la bondad general de la humanidad. Si queremos profundizar en el tema del mal, tenemos que mirar el mal dentro de nosotros mismos.[3]

Y aquí es donde las cosas se ponen un poco difíciles. A nadie le gusta admitir que somos capaces de hacer cosas verdaderamente malas. Sí, hay ocasiones en que tenemos que reconocer que no damos la talla, que de vez en cuando hacemos cosas malas, e incluso que la mayoría del tiempo podemos ser pecadores bastante congruentes; sin embargo, justificamos el pecado estableciendo una diferencia con un Hitler o un terrorista o un asesino a sangre fría. A *ese tipo* de personas es a la que asociamos con el mal: los monstruos del mundo. Y, como obviamente no nos colocamos en esa categoría, no nos consideramos malos.

No obstante, eso es solo parcialmente cierto. Ese tipo de pensamiento se tambalea porque no llega lo suficientemente lejos. Es muy poco profundo. Es demasiado deshonesto. No es lo suficientemente autorreflexivo. Solo consideramos nuestras acciones desde el punto de vista de nuestras propias circunstancias sin abordar las elecciones libres que estamos haciendo en el centro de nuestras voluntades. No profundizamos lo suficiente en nuestros lados oscuros. No nos hacemos la pregunta: ¿qué pasaría si las cosas fueran diferentes en mi vida? ¿Cómo actuaría? Por lo tanto, no abordamos nuestra *capacidad* personal para el mal.

Eso es lo que necesitamos examinar. ¿Qué estamos haciendo dentro de nuestras cabezas momento a momento? ¿Qué tipo de pensamientos oscuros y secretos albergamos que no soñaríamos con contárselos a nadie? Más importante aún: ¿cómo sería nuestro comportamiento si estos pensamientos secretos tuvieran algo más sustancial que los respaldara?

Como ves, en este momento, la mayoría de los que están empezando a leer este libro tienen una capacidad muy limitada para exteriorizar sus malas inclinaciones. No solo carecen de suficiente dinero y poder, sino que también les falta suficiente motivación. Están sentados en una habitación confortable, tienen un techo sobre sus cabezas, las luces están encendidas y tienen comida en el estómago. Aunque tengan muchos problemas con los que lidiar, no se están muriendo de hambre. En comparación con otras personas en el mundo, les está yendo bastante bien. Pero ¿qué pasaría si se encontraran en circunstancias totalmente diferentes? ¿Si todas sus vidas se desmoronan? ¿Si sus seres queridos y ellos estuvieran luchando para comer, beber y sobrevivir? ¿Qué harían entonces?

O, por el contrario, ¿qué pasaría si su posición fuera mucho más sólida de lo que es ahora? ¿Si tuvieran poder y riqueza ilimitados y la capacidad de satisfacer cada pequeño deseo, al igual que los líderes totalitarios del siglo veinte que causaron tanta carnicería? ¿Cómo se comportarían?

No quiero que me malinterpreten. No estoy acusando a nadie de ser un monstruo. Tampoco estoy negando la existencia del libre albedrío y la capacidad del ser humano para triunfar sobre sus circunstancias. No digo que la única diferencia entre la persona promedio y Adolf Hitler sea que Hitler tenía un ejército de brutales nazis detrás de él. Ni que todos sean tan malos como Hitler o que todo lo que hacen en la vida se reduzca a la educación y al entorno. Si Hitler hubiera nacido en una familia diferente en un país distinto en un siglo diferente, ¿habría sido una persona diferente, al menos en términos de su voluntad de elegir el mal? Yo no creo que hubiera sido una persona maravillosamente cálida, amorosa y de buen corazón. No. Sus inclinaciones malas se habrían manifestado de otras maneras y a través de otras acciones. En su alma, todavía habría tomado decisiones oscuras, egoístas y malas. Seguramente no habría estado en condiciones de asesinar a seis millones de judíos y haber incendiado todo un mundo. El alcance de su maldad habría sido más restringido.

El punto es que si bien no queremos enfatizar demasiado la importancia del medio ambiente que lleguemos a negar la existencia del mal, tampoco queremos perder de vista que los factores circunstanciales tienen la capacidad de *ocultar* el mal. Ese es el quid de la cuestión. Hay muchas más personas malas de lo que por lo general imaginamos. Simplemente no las vemos. No tienen el poder, el dinero, el coraje o la fama para llevar a cabo sus malos impulsos. Gran parte de su maldad nunca ha salido a la superficie, sino que se ha vuelto relativamente inofensiva debido a su situación en la vida.

Y eso es exactamente de lo que tienes que darte cuenta en ti. No es que seas malo de principio a fin; sino que puede haber mucho más mal dentro de ti de lo que eres consciente. Puede haber mucha más maldad de la que eres capaz si hubieras nacido en una situación diferente, si tuvieras los medios, el motivo y la oportunidad de hacer lo que en realidad te habría gustado hacer.

Antes de embarcarnos en este viaje al infierno, es absolutamente imperativo que consideres ese hecho. Esto no pretende ser un ejercicio de autoflagelación; más bien, está destinado a que entiendas, en primer lugar, por qué existe el infierno y luego por qué la gente en realidad quiere ir allí. (Sí, dije *que quiere* ir allí).

Por solo unos minutos, concéntrate en tu capacidad interior para hacer el mal. No intentes negarlo, minimizarlo, racionalizarlo ni juzgarlo. Solo míralo. Dale vuelta en tu mente. Piensa en las cosas más viles que hayas hecho, dicho o pensado. Piensa en tus arrebatos de ira orgullosa, en tus caídas en pecados sexuales, quizás en tus borracheras, en tus episodios de glotonería, en tus mentiras, pereza, cobardía, ingratitud o egoísmo. Piensa en las veces que te has rendido a este tipo de comportamientos. Piensa en los momentos en los que te has deleitado en ellos. Piensa en cuántas veces has resuelto mejorar o cambiar y, sin embargo, en el segundo en que te topaste con la más mínima tentación, volviste al barro.

Y luego, una vez que recuerdes todo eso, date cuenta de que estos ni siquiera son los peores pecados que has cometido. De hecho, muchas de las cosas que acabo de enumerar, aunque aparentemente repugnantes por el daño que causan, a menudo tienen un mínimo de culpabilidad personal. En otras palabras, no son completamente culpa tuya. Son, al menos en parte, provocados por la emoción, la fatiga, el hambre, el sufrimiento, el hábito, la enfermedad mental, la inseguridad, las inclinaciones adictivas o las inclinaciones naturales. Por lo tanto, el grado en que Dios te responsabiliza por ellos (según la enseñanza cristiana) puede mitigarse de manera significativa, porque no son elecciones verdaderamente *libres* de la voluntad.

No. De lo que estoy hablando ahora es de las otras cosas malas que haces, los pecados que son en realidad serios. Los que mantienes totalmente ocultos y ni siquiera te gusta admitir. Los que cometes en un estado mental tranquilo, frío e indiferente.

Estoy hablando de esos momentos en que interiormente disfrutas de las fallas o tragedias de otras personas. Tal vez incluso de tus familiares y amigos.

Estoy hablando de las veces que has traicionado la confianza de alguien. No importa si las circunstancias parecen insignificantes y las consecuencias mínimas. Ningún acto de traición es pequeño.

Estoy hablando de mentir o chismear sobre las personas con el expreso propósito de denigrarlas. O a sabiendas, tratando de hundirlas porque están contentas con algo y, secretamente, eso te molesta. Estoy hablando de lastimar a propósito a alguien al que se supone debes amar.

Estoy hablando de todas las veces que cuidas y calculas lo que vas a decir no porque te preocupes tanto por su contenido, sino porque deseas desesperadamente que los demás te perciban como una persona inteligente, buena, rica o importante. Estoy hablando de toda la comunicación que haces que no es sincera e incluso hipócrita. Estoy hablando de ese deseo por el estatus y la importancia que impregna gran parte de tu vida interior: los celos, la envidia, la arrogancia y el egoísmo que subyacen en tantos de tus pensamientos y acciones.

Sin embargo, hay más. Los peores tipos de pecados son aquellos en los que persistes en un mal comportamiento sin que te importen las consecuencias y el sufrimiento que te causen o el dolor que tengas que soportar. Por ejemplo, ¿alguna vez has tratado a propósito de cultivar emociones de resentimiento para convertirte en un frenesí de indignación de justicia propia? ¿Alguna vez has elegido voluntariamente convivir con la amargura y la bilis porque se sentía bien, tan bien, que querías ser así en lugar de ser alegre, despreocupado y feliz? ¿Alguna vez, presa de la indignación, has alzado el puño o te has revolcado en la autocompasión en lugar de tomar algunas acciones simples que podrían ponerte en un estado mental más agradable?

¿Alguna vez ha habido momentos en tu vida en los que a pesar de *no* haber sido impulsado por la compulsión o el hábito hiciste algo que *sabías* que violaba tu conciencia, a pesar de cualquier riesgo consecuente, porque simplemente no te importaba? ¿Alguna vez has ofendido a alguien y te has negado a disculparte por algo que hiciste mal o a aceptar las disculpas de otra persona, aunque sabías que tu negativa perjudicaba las relaciones con familiares o amigos?

Estos son los tipos de pecados de orgullo e hipocresía que Cristo condenó con mucha más vehemencia que los pecados de la carne.[4] Estos son los pecados de la voluntad. Y, amigo mío, ¡tú sabes que eres culpable de algunos de ellos! ¡Sabes que algunas de las cosas secretas que ocurren dentro de tu cabeza son absolutamente tóxicas!

Sin embargo, no eres solo tú. ¡Soy yo también! Es la humanidad en general. Todos hacemos este tipo de elecciones infernales de vez en cuando. Todos elegimos hacer cosas que sabemos que son malas, persistimos en ese mal y luego nos negamos a disculparnos por ese mal, aun cuando nos cause dolor y sufrimiento. A veces es más agradable sufrir con orgullo que arrepentirnos y, con humildad, cambiar de rumbo.

Admitir esto no es caer en el autodesprecio o en la culpa autodestructiva. Es ser sincero. Es obtener una mejor comprensión del mal, un mejor entendimiento de lo que fueron Hitler, Stalin y son todos los terroristas y asesinos en serie a los que nos referimos anteriormente. El punto no es equipararnos con los nazis, sino darnos cuenta de que, hasta cierto punto, en el fondo de cada uno de nosotros existe la misma fealdad y oscuridad del espíritu que los motivó a ellos. Es un espíritu al que no le importa ni un ápice la autoridad o moralidad auténticas ni las consecuencias o castigos. Es un espíritu que solo se preocupa por la satisfacción del orgullo y el egoísmo. Es un espíritu que, suficientemente desarrollado, *podría preferir* el castigo al paraíso, el infierno al cielo.

La conclusión es que, para entender a los monstruos malvados que habitan en las entrañas del infierno, primero debes ponerte en contacto con los monstruos malvados que viven dentro de tu alma. Esa es la mentalidad que debes tener para que esta guía signifique algo. Ese es el punto de partida para cualquier recorrido auténtico por el inframundo.

Si eres lo suficientemente fuerte y sincero como para hacerlo, entonces estamos listos para dar el segundo paso en nuestro viaje. Estamos listos para aprender algo sobre la historia del infierno. Después de todo, ¿cómo surgió exactamente este lugar o estado? ¿Cuáles son sus orígenes? Es hora de relatar lo que solo puede describirse como la historia más extraña del mundo. Una historia que, de ser cierta, es más aterradora que cualquier película de pavor jamás soñada en Hollywood.

Es la historia de la caída de los demonios.

El origen del infierno

La historia de los demonios

R evisemos los pequeños pasos que hemos dado hasta aquí en este viaje al infierno.

Primero, hicimos la sencilla observación de que el infierno tiene que ver con la idea del mal y que es donde termina la gente mala. Segundo, dimos algunos ejemplos del mal que nos rodea y que está dentro de nosotros. En tercer lugar, dijimos que debemos mantener estos ejemplos en mente porque nos ayudarán a comprender mejor por qué hay un infierno, cómo es el infierno y quiénes van allí.

El siguiente paso es analizar el infierno en sí mismo, su origen e historia, y que es eterno.

Este último punto es realmente la clave. Creo que la mayoría de las personas que creen en Dios no tendría tantos problemas para aceptar la idea del infierno si no fuera porque se supone que dura para siempre. Una vez que aceptas la noción de una deidad personal, la proposición de que podría haber algún tipo de castigo por violar los mandamientos o estándares de moralidad de esa deidad no es irrazonable. De hecho, es un concepto que tal vez agradezcamos. Después de todo, la mayoría de nosotros hemos encontrado injusticias en nuestras vidas. La mayoría de nosotros hemos presenciado o sabido de casos de maldad que han quedado impunes. «La vida es sumamente injusta» es una frase que se escucha mucho. Por lo tanto, la idea de que en algún lugar, de algún modo, la justicia puede hacerse realidad por un Dios todopoderoso y omnisciente, no es del todo desagradable. La balanza de la justicia debe equilibrarse en algún momento, de lo contrario, la vida sería absurda.

Sin embargo, es la naturaleza *eterna* de este castigo lo que nos resulta tan difícil de esgrimir. Para mucha gente eso no parece justo. De hecho, parece cruel. La vida en la tierra es muy corta. Pasa en un abrir y cerrar de ojos. ¿Cómo puede cualquier crimen, por grande que sea, merecer una eternidad de tormento? Si el tiempo en el infierno se mide en años (y llegaremos a esa pregunta más adelante), entonces Dios podría sentenciar a un asesino en serie a varios siglos o incluso varios milenios de prisión en el infierno. Pero ¿para siempre? El crimen del asesino, no importa cuán grave sea, es finito, después de todo. ¿Cómo podría su castigo ser infinito?

E incluso si el infierno no fuera un castigo en el sentido en que la palabra generalmente se entiende, sino más bien algún tipo de libre elección hecha por las personas malas para ir allí, ¿por qué tendría que ser algo permanente? ¿Por qué las almas que habitan en el infierno no podrían cambiar de opinión después de un período de tiempo y arrepentirse de sus pecados o hacer lo que Dios quiere que hagan para abandonar ese lugar terrible?

Al entrar a considerar el tema de la eternidad* y antes de aclarar lo que queremos decir con respecto al infierno, pudiera parecer que estamos poniendo la carreta delante de los caballos; sin embargo, es la mejor manera de continuar en este recorrido. Muchas personas no creen en el infierno o no lo toman en serio porque se quedan atrapadas en la idea de que no tiene fin. Nosotros, antes de poder continuar, tenemos que superar este obstáculo.

Quizás la forma más fácil de hacerlo sea contar la historia del origen del infierno. Después de todo, las guías de viajeros siempre incluyen una breve sección sobre la historia del lugar que intentan describir. Esta guía no es diferente. En el último capítulo decimos que hay toda una gama de teorías sobre lo que realmente es el infierno. Por el momento, dejemos de lado todas las definiciones simbólicas, psicológicas, metafóricas y mitológicas. Más adelante podremos volver a estas implicaciones en una forma más profunda. Por ahora, vamos a presentar la historia del infierno en su sentido literal, como lo enseña el cristianismo.

Lo que sigue es un bosquejo aproximado, pero es correcto desde un punto de vista teológico. Su propósito no es demostrar la existencia del infierno, sino mostrar que, si se acepta la historia como verdadera, tiene sentido que el infierno dure para siempre.

Y sin duda que es una historia muy extraña.

Todo comienza con que Dios es un *creador*. A él le encanta hacer cosas. Si crees que Dios existe, entonces todo lo que tienes que hacer es mirar a tu alrededor para comprobar la verdad de esta afirmación: los planetas, las estrellas, la tierra con sus océanos, las montañas, los valles, desiertos y colores gloriosos, y millones de diferentes formas de vida. El deseo superabundante de Dios de crear es simplemente evidente.[1]

Además, este deseo divino no se extiende solo al cosmos visible. Dios también ha creado un mundo lleno de criaturas invisibles llamadas ángeles. Todos sabemos que los ángeles juegan un

papel importante en la religión cristiana, así como en el judaísmo
y en el islam. Pero el cristianismo, en particular, tiene un número
significativo de enseñanzas claras sobre estos seres maravillosos
y enigmáticos.

Enseña, por ejemplo, que Dios creó a los ángeles de la misma
manera que hizo el universo y a los seres humanos; es decir, de
la nada. Enseña que, como los seres humanos, los ángeles tienen
intelecto y libre albedrío. Enseña que los ángeles tienen poderes
espectaculares que son de magnitud cósmica. Enseña que el número de ángeles es prodigioso, usando para describirlos palabras
como *ejércitos*, *legiones* y *multitudes*.[2]

Enseña que parece haber, dentro de esas multitudes, una
misteriosa jerarquía o sistema de categorías.[3] Por último, enseña
que lo principal que distingue a los ángeles del resto de la creación es que son *espíritus puros*.[4]

Como digo en mi libro *Angels All Around Us* [Ángeles a nuestro
alrededor], el concepto de un espíritu puro es algo muy extraño
para nosotros porque la única realidad que conocemos es espacial
y temporal. Nos resulta casi imposible imaginar algo más. Ser un
espíritu puro significa estar vivo de alguna manera, pero sin un
cuerpo. Significa que, sin cuerpo, ese espíritu no es manifiesto a
la vista. Significa que no está sujeto a ninguno de los límites que
el tiempo, el espacio y la materia imponen a los seres humanos.

¿Cuáles son estos límites?

Veamos. Los objetos materiales y las criaturas vivientes tienen que estar en un solo punto al mismo tiempo y solo pueden
llegar a otro lugar si se mueven físicamente, ya sea centímetro a
centímetro, metro a metro, kilómetro a kilómetro, dependiendo del proceso de locomoción de que disponga. De hecho, cada
función llevada a cabo por las criaturas vivientes depende de su
diseño físico, su construcción y algún tipo de proceso regulador.
La forma en que obtenemos nuestra energía, en que eliminamos

los desechos, en que llegamos a conocer las cosas; todo está liga-
do, de una manera u otra, a nuestros cuerpos. Incluso la forma
en que pensamos y sentimos está conectada a través de nuestros
sistemas nerviosos y nuestros cerebros. La limitación más significativa de cualquier criatura viviente es que se deteriora con el
tiempo. Envejece, se desgasta, pierde su capacidad de funcionar
y finalmente muere.

Un espíritu puro, según la enseñanza cristiana, no tiene ninguna de esas limitaciones. No está restringido por las limitaciones del espacio físico. No tiene que moverse para ir a algún lado.
Puede estar allí solo con que su voluntad lo ordene. No tiene que
pensar con la ayuda de órganos corporales como el cerebro; no
tiene que depender de sus sentidos para aprender, ver, oler o escuchar cosas. Y eso significa que nunca se deteriora. Ser un espíritu
puro significa, por definición, que se es inmortal.[5]

Dijimos que los ángeles tienen su propio intelecto y su libre
albedrío. Eso significa que tienen la capacidad de pensar y elegir
por sí mismos. Pero como los ángeles son espíritus puros, su intelecto funciona de manera muy diferente a la nuestra por la simple
razón de que no tienen cuerpos materiales ni sistemas neurológicos a través de los cuales las ideas tienen que ser filtradas. Solo
ven y conocen ideas de forma intuitiva y luego toman libremente
decisiones sobre ellas. Por ejemplo, cuando fueron creados, tenían
el poder de elegir entre lo correcto y lo incorrecto, servir a Dios o
trabajar en contra de él, obedecerlo o desobedecerlo, tal como lo
hacen los seres humanos en la actualidad. Pero no tuvieron que
procesar esas ideas con un sistema neurológico antes de actuar.
Pudieron comprender de inmediato las ideas y elecciones que se
les presentaron y luego decidir sobre ellas.

Y aquí es donde la historia de los ángeles se vuelve interesan-
te. Los ángeles son mucho más poderosos que los seres humanos.
Sus intelectos son más fuertes. Sus voluntades son más fuertes.

Y, de acuerdo con la Biblia, tienen la capacidad de afectar profundamente el mundo material con esos intelectos y voluntades. De hecho, según la Biblia, tienen el poder de destruir ciudades enteras, traer pestilencias y fuego sobre la tierra, y causar muchos más estragos a través de sus malas decisiones que lo que nosotros jamás podríamos hacer.[6] Por eso, es inquietante, y a la vez intrigante, leer en las Escrituras que poco después de la creación de los ángeles, estalló una guerra entre ellos.[7]

Lo que parece haber sucedido es que en algún momento después de haber sido creados, uno de los ángeles tomó una decisión importante y a la vez sorprendente. Dios le había dado a ese ángel el poder de ejercer su voluntad con libertad, y eso fue, exactamente, lo que hizo. Solo que no eligió agradecer a Dios por haberlo hecho, o alabarlo o adorarlo o seguirlo, como hicieron los otros ángeles; sino que tomó una decisión clara de seguir su propia voluntad, oponerse a la voluntad de Dios, *rechazar* a Dios.

A este ángel se le conoce por una variedad de nombres: Lucifer, Satanás y el diablo. Parece haber sido extremadamente poderoso. Parece haber tenido un rango muy alto en la jerarquía de los ángeles. Parece haber sido el más brillante de todos los ángeles; de hecho, uno de sus nombres significa «Lucero de la mañana».[8] De todos modos, ese ángel especial procedió a lanzar una rebelión total contra Dios, logrando persuadir a legiones enteras de ángeles para que se unieran a él en su terrible causa.

¿Por qué inició esa rebelión?

Nadie lo sabe con seguridad. En verdad, podemos ver en nuestras propias vidas que es posible rechazar la voluntad de Dios, detestar la voluntad de Dios e incluso ir contra la voluntad de Dios. Y si es posible que los seres humanos, débiles como son, elijan oponerse a Dios, ciertamente era posible para Satanás y los ángeles, que son mucho más poderosos que nosotros.

Según las Escrituras, la causa principal de la rebelión fue el orgullo. «¡Levantaré mi trono por encima de las estrellas de Dios!», dijo. «Seré semejante al Altísimo».[9] El punto principal de la rebelión de Satanás era su anhelo de afirmar su independencia radical de Dios, así como su deseo de ser como Dios en términos de fuerza bruta. Y eso se debió a su gran amor propio, al resentimiento y al odio a Dios nacido de ese amor propio.

Satanás entonces comunicó su decisión a los otros ángeles. Pero recuerda que debido a que los ángeles son espíritus puros, se comunican de manera diferente a como lo hacemos nosotros. No lo hacen con sonidos. No expresan sus pensamientos con palabras. No tienen bocas, ni lenguas, ni cuerdas bucales. No disponen de ninguno de esos recursos comunicacionales. Pero tienen algo mejor que eso y más rápido: pueden transmitirse instantáneamente la esencia de sus pensamientos entre sí a través de algún tipo de contacto directo de mente a mente.

En realidad, a esto se refieren las Escrituras cuando dicen que hubo una guerra en el cielo. Una guerra se define como un estado de conflicto hostil entre naciones que generalmente resulta en una gran pérdida de vidas y mucho sufrimiento. Y eso es exactamente lo que sucedió. Los ángeles son espíritus puros, por lo que cualquier batalla que tengan entre ellos debe ser principalmente una batalla de intelecto y voluntad. Sus armas son en esencia argumentos. Cuando Satanás comunicó a los otros ángeles su decisión de rebelarse, también les dio su razón. La mayoría de ellos no estuvo de acuerdo con él. La mayoría estaba agradecida con Dios y amaba a su Creador. Uno de esos ángeles fieles ha sido señalado en las Escrituras como particularmente cercano a Dios; es el arcángel Miguel.[10] Pero una buena parte de los ángeles tomó la misma decisión que Satanás.[11] Una buena parte de ellos quedó cegada por su propia grandeza. Sobrevaloraron sus habilidades y poderes a tal punto que ignoraron por completo la supremacía de Dios y se negaron a participar en su plan para la creación. Toda la historia de los demonios, de hecho, se puede resumir en la tristemente célebre frase a menudo atribuida a Satanás: *Non serviam* («No serviré»).

Es importante dejar claro que el diablo y los ángeles que lo siguieron entendieron muy bien la situación; sabían quién era Dios y sabían que le debían su existencia a él. Y, aun así, tomaron libre y conscientemente la decisión de rechazarlo.

Ahora, ¡pon atención a esto! Debido a que los ángeles son espíritus puros, su decisión fue de orgullo espiritual puro, no influenciada de manera alguna por el medio ambiente ni por las circunstancias ni por las imperfecciones físicas ni por la educación ni por la genética ni por los prejuicios ni por las pasiones ni por la información incompleta. Debido a que son espíritus puros, *su elección fue irrevocable.*

Y aquí llegamos al punto principal de este capítulo: la naturaleza *firme* de las decisiones angelicales. Los ángeles no tienen cuerpos. No tienen sistemas neurológicos. No tienen que procesar sus pensamientos a través de neuronas, sinapsis y células cerebrales. Nosotros no podemos funcionar de esta manera porque todo lo que hacemos es procesar ideas. Todo lo que hacemos es tomar decisiones basadas en cómo y en cuándo filtramos miles de variables diferentes a través del prisma de nuestros cuerpos materiales. Nos toma tiempo ver algo, luego nuestros cerebros reconocen lo que vemos, después lo comparan con todo lo que hemos visto, lo analizamos, lo medimos, lo pesamos y finalmente tomamos una decisión al respecto. Incluso el acto más simple de reconocer a un amigo o a un familiar demanda ese proceso. Podemos hacerlo muy rápido, por supuesto, pero no es instantáneo. Con todo lo rápido que pueda ser, nuestro cerebro todavía tiene que pasar por muchos pasos invisibles.

Esta sucesión de pasos mentales da como resultado la posibilidad de errar. Siempre existe la posibilidad de que podamos confundir los datos, o que no obtengamos toda la información que necesitamos, o que nos llegue la información en el momento equivocado. Existe la posibilidad de que estemos demasiado cansados para procesar todo correctamente, o que nuestras emociones o nuestra falta de inteligencia o nuestro medio ambiente o nuestros prejuicios naturales pudieran, de alguna manera, hacer que tomemos la decisión equivocada. Hay un millón de razones por las que es posible cometer un error. Por eso constantemente cambiamos de opinión. Por eso siempre estamos yendo y viniendo, dando vueltas y vueltas en círculos, sin llegar a una decisión de la que estemos realmente seguros. En última instancia, por eso podemos reconocer nuestros errores y *lamentarnos* por ellos.

No es así con los ángeles. Como espíritus puros, no tienen que procesar sus pensamientos como nosotros. Ven instantáneamente y desde todos los ángulos lo que están mirando. No tienen que esperar más información. No tienen que realizar ninguna investigación. No tienen que intentar resolver un problema. No tienen que consultarlo con la almohada. Ni temer haber cometido un error, porque nunca hay una deliberación involucrada. No son víctimas de ansiedad porque hayan perdido algo. Desde el momento en que identifican lo que tienen que decidir ya están en posesión de todos los hechos. Todo lo captan en forma instantánea. Todo lo que los ángeles realmente tienen que hacer es ver algo y elegir. Y una vez que toman esa decisión, es para siempre, porque lo han hecho con total convicción y en plena posesión de todos los datos posibles.

Sé que es difícil entender esto, pero una vez que lo entendamos, nunca tendremos problemas para comprender el proceso por el cual los ángeles toman decisiones o el concepto de que sus decisiones son irrevocables.

Y este concepto no es tan extraño como podría parecer a primera vista. Tú también has hecho decisiones como esta, aunque es posible que no te hayas dado cuenta, porque ni siquiera parecen decisiones. Piensa en algo de lo que estés completamente seguro. Algo de lo que estés tan seguro que apostarías tu vida por ello. No tiene que ser algo grande. Puede ser algo pequeño. Mencioné la experiencia de reconocer a un miembro de la familia. Bueno, ahora mismo, mientras estoy escribiendo estas palabras, mi esposa me está trayendo una taza de café. La miro a la cara mientras escribo. Ella levanta una ceja, preguntándose por qué la estoy mirando con una expresión neutral (que es la que por lo general tengo cuando estoy pensando). El punto es este: ¿estoy absolutamente seguro de que estoy mirando a mi esposa? ¿No será mi hermano? ¿No será mi hermana? ¿No será mi suegra? ¿No será un extraño? ¿Por qué estoy tan seguro de que se trata de mi esposa? Lo estoy porque tengo todos los hechos a mi alcance. Porque me he hecho examinar la vista y tengo una visión perfecta. Porque conozco a mi esposa desde hace décadas. En el acto de reconocerla, es decir, distinguirla de otras personas, tomé una decisión. No es una gran decisión y no es una decisión moral, pero de todos modos es una decisión. Y no hay ninguna razón en el mundo por la que esa decisión deba modificarse. Estoy cien por ciento seguro de ello. Incluso si un ángel del Señor descendiera del cielo en ese momento y me dijera que estaba mirando a otra persona, le diría que estaba equivocado. Incluso podría pensar que me estaría mintiendo, lo que me llevaría a preguntarme si no se trataría de un demonio. Pero esas son las dos únicas opciones: o el ángel estaría cometiendo un error o estaría mintiéndome. Lo único fuera de lo posible sería que yo creyera que estaba equivocado acerca de quién me estaba trayendo una taza de café.

Ese es exactamente el tipo de certeza que Satanás y los ángeles rebeldes tenían cuando decidieron rechazar la voluntad de Dios. Como eran espíritus puros, no necesitaban sopesar todas las variables. No necesitaban hacer una investigación sobre cómo sería la vida sin Dios. No necesitaban más datos sobre el infierno.

No necesitaban explorar todas sus otras opciones. Vieron todo a la vez; vieron todas las consecuencias de su elección en un angelical instante visionario. Y simplemente no les importó.

En efecto, tenían incluso más certeza que la que yo tuve cuando mi esposa me trajo una taza de café, porque siempre existe la posibilidad de que pudiera estar delirando o enfermo de alguna manera. Los ángeles, con sus intelectos asombrosamente superiores, nunca van a delirar ni a enfermarse. Esto es lo que hizo que su caída fuera tan terrible. Debido a su perfección espiritual y sus poderes intelectuales, pudieron conocer a Dios de una manera mucho más directa que nosotros; pudieron ver con mucha más claridad su grandeza que nosotros. Aunque los ángeles no son omniscientes,[12] su conocimiento de Dios, en su totalidad libre de los límites de los sentidos físicos, es incomparablemente más profundo y rico que el nuestro. Y, sin embargo, a pesar de ese conocimiento y de todas las consecuencias que previeron con claridad, aun así lo rechazaron.

¿Y cuáles fueron las consecuencias?

Entraremos en mayor detalle sobre esto más adelante, pero por ahora digamos que al rechazar a Dios, el diablo rechazó la verdad, porque Dios es verdad. Al hacerlo, se convirtió en «mentiroso y padre de las mentiras».[13] Al rechazar a Dios, el diablo y los demonios rechazaron la bondad, porque Dios es bondad. En cambio, abrazaron todo lo que era malo, hiriente y doloroso en la creación. Al rechazar a Dios, el diablo y sus demonios rechazaron la luz y la vida, porque Dios es luz y vida. Así se hundieron en el abismo de la oscuridad y la muerte eterna espiritual que llamamos infierno.[14]

¿Se arrepienten ellos de esa decisión? ¿Les importa vivir en el infierno? La respuesta corta es no, en lo más mínimo. De hecho, preferirían estar en el infierno que en otro lugar de la creación. No es que estén allí felices y contentos de cualquier manera, pero en cierto sentido les gusta estar donde están, al menos en términos de preferirlo a la alternativa: estar con Dios en el cielo. Que la vida en el infierno conlleve un gran sufrimiento solo se suma a su resentimiento hacia Dios. Solo se suma a su orgullosa indignación por ser víctimas. Solo agrega combustible a su amargura y su odio. Solo les hace querer ofender aún más a Dios.

¿Cómo pudo ocurrir todo eso? ¿Cómo pudieron el diablo y los demonios rechazar el bien y abrazar el mal? ¿Cómo pudieron preferir el infierno antes que el cielo? Nos referimos a esto en detalle en el último capítulo. Los seres humanos hacen eso todo el tiempo. Los seres humanos han tomado la misma decisión de rechazar el bien y abrazar el mal a lo largo de su larga historia. Piensa nuevamente en los nazis, en Stalin, en los experimentos médicos con niños y en todos esos asesinos, violadores y terroristas con sus actos de crueldad. Piensa en todas las veces que en tu propia vida has tomado decisiones malas. Y recuerda los momentos en los que preferiste arder en resentimiento y autocompasión en lugar de revertir tu comportamiento con humildad. Todos, en un grado u otro, hemos pasado por eso. Es algo que tenemos que enfrentar. Mientras tengamos libre albedrío, estaremos expuestos a apelar al mal; a preferir el sufrimiento antes que la alegría.

La diferencia entre los seres humanos y los ángeles caídos es que nosotros tenemos la capacidad de admitir que cometimos un error, de reconocer que éramos ignorantes de los hechos, que no entendimos lo que estábamos haciendo, que estábamos completamente equivocados. Los demonios no pueden hacer eso porque *sabían* lo que estaban haciendo. *Estaban seguros* de sus acciones. *No* pensaban que estaban equivocados.

Esto es muy importante que lo comprendamos. El diablo no cree que se haya equivocado al rebelarse contra Dios. Él piensa que estaba en lo correcto al seguir su propia voluntad. Hay teólogos que creen que al comienzo de la creación, Dios permitió a los ángeles echar un vistazo a su plan divino para la humanidad y que el diablo se opuso con vehemencia a ello. Si eso fuera cierto (y volveremos a este punto más adelante), entonces habría algún tipo de lógica retorcida y malévola en la decisión que tomó el diablo. Es más, si pudiéramos sentarnos con el demonio frente a frente y lograr que se sincere, con seguridad insistiría en que *él* fue la víctima, que *él* fue tratado injustamente por Dios. Diría con absoluta certeza que Dios no tenía derecho a someterlo a él y a los otros ángeles a algún tipo de prueba de libre albedrío falsa; que Dios no tenía derecho a pedirle a él ni a los otros ángeles que participaran en la construcción de su reino simulado, un reino donde los seres humanos, infinitamente inferiores a los ángeles en términos de sus habilidades naturales, al fin llegarían a reinar con Dios como lo profetiza el libro de Apocalipsis,[15] un reino donde Dios mismo se rebajaría tanto como para *convertirse en humano* en la persona de Jesucristo. En otras palabras, si pudiéramos sentarnos frente a frente con Satanás, nos diría que se opuso al llamado plan divino desde el principio. Que no estuvo mal haber rechazado a Dios y todo lo relacionado con Dios, ya que había sido descaradamente injusto.

Así es como se sintió Satanás en el momento de su caída en desgracia, y así es como se siente ahora. Nunca ha cambiado de opinión y nunca lo hará. No puede, porque *no tiene capacidad mental para cambiar.* Él es espíritu puro y, por eso, ya tomó su decisión de una vez por todas, para siempre. Esa es la clave para entender por qué el diablo y sus demonios no van a pasarse a nuestro lado. Es la clave para entender por qué todas las decisiones tomadas por los espíritus puros son irrevocables. También es la clave para comprender el enigma del infierno y su naturaleza eterna.

El infierno no es solo un lugar que Dios creó arbitrariamente para encarcelar a las criaturas que lo desobedecieran y que necesitaban castigo. El infierno existe porque hay criaturas allí que tomaron la decisión permanente de alejarse lo más posible de Dios, sin importar las consecuencias. El infierno existe no porque Dios lo quisiera, sino porque los ángeles rebeldes lo quisieron. En un sentido muy real, *ellos inventaron el infierno*, y ahora que lo han hecho, no tienen deseos de abandonarlo.

Es probable que preguntes: «¿Y nosotros?». Incluso si aceptamos que el diablo y sus demonios están permanentemente separados de Dios, ¿cómo puede eso afectar a los seres humanos y nuestro destino eterno? Los demonios pueden ser espíritus puros, sin la capacidad de cambiar de opinión, pero nosotros sí podemos. ¿Por qué, entonces, algunos de nosotros debemos estar condenados a sufrir en el infierno para siempre?

Para responder a esa pregunta, debemos dar el paso siguiente en nuestra travesía y, de hecho, es un paso aterrador. Debemos examinar qué sucede durante el más fatídico y misterioso de todos los acontecimientos humanos: el momento en que nuestras almas se separan de nuestros cuerpos, el instante en que ocurren nuestras muertes terrenales. En específico, debemos centrarnos en lo que le sucede a nuestro libre albedrío en ese punto preciso donde el tiempo y la eternidad al fin se encuentran.

A medio camino del infierno

El momento de la muerte

Aunque la muerte es un tema incómodo para hablar, me temo que no hay forma de evitarla en un viaje al infierno. Es la puerta de entrada, después de todo, a la vida eterna. Es la puerta por la que todos debemos pasar en algún momento, sin importar cuán ricos o poderosos, famosos o inteligentes podamos ser. Como dice el refrán, nadie sale vivo de esta vida.

No obstante, la muerte significa diversas cosas para muchas personas. Para algunos es una fuente de ansiedad extraordinaria y de miedo paralizante. Para otros, representa la liberación de los «latigazos y desdenes del tiempo», un respiro de la vejez, la enfermedad y el dolor. Para otros significa una oportunidad para ver finalmente a amigos o familiares queridos que ya han fallecido. Para otros es solo un paso más en la gran aventura de la vida, una transición a algo nuevo, emocionante y desconocido. Para algunos, no es una transición, sino el cese total de la conciencia y de la vida: la nada, la aniquilación, el punto final.

Cualquiera que sea la forma en que veas la muerte, una cosa es segura: es misteriosa.

Según la teología cristiana, la muerte siempre se ha definido de una manera muy simple y directa. Es la *separación del alma del cuerpo*.[1] Como ya lo hemos visto brevemente, hay tres tipos básicos de creación. Primero, está el mundo material: los planetas, las estrellas y todos los objetos inanimados del universo. Segundo, está el mundo espiritual: ángeles, tanto buenos como caídos. Y finalmente, hay una especie de criatura híbrida conocida como ser humano, que es tanto espíritu *como* materia.

Esa parte espiritual de los humanos es el alma; y se la puede describir como esa entidad invisible o principio mediante el cual pensamos y elegimos, y por el que nuestros cuerpos tienen vida. Esta idea de que los humanos tienen almas no es algo estrictamente cristiano en su origen. Gente de muchas religiones o de ninguna religión han inferido la existencia del alma simplemente viendo la vida, observando los misterios del nacimiento, la conciencia y la muerte, el funcionamiento de la imaginación y la memoria, la creación del arte y la música, la capacidad que tenemos de razonar y tomar decisiones morales, la inexplicabilidad del humor y la risa. Todo eso sugiere la existencia de alguna fuerza interna, además del organismo humano visible, pero de alguna manera independiente de él.[2]

El cristianismo enseña que una vez privada del alma, la persona muere. La partida del alma del cuerpo, en realidad, constituye la partida de la vida misma.

Así, el alma se considera el principio animador del cuerpo.

Sin embargo, eso no significa que la muerte sea causada por el alma que abandona el cuerpo. Es la falla del mecanismo corporal a través del deterioro natural, la enfermedad o un trauma, lo que da origen a la separación del cuerpo y el alma; es decir, a lo que se conoce como la muerte. En esencia, lo que ocurre es que cuando el cuerpo deja de funcionar, el resultado es que el alma se va. En teoría, el proceso podría ocurrir al revés. Si el alma de un ser humano sano abandonara de repente ese cuerpo saludable, la persona quedaría fláccida y moriría a pesar de tener una fisiología perfectamente funcional. Sin embargo, en la práctica, el alma no abandona un cuerpo sano. Lo que sucede es que el cuerpo falla primero y ya no puede *sostener* al alma. Los seres humanos fueron creados por Dios como combinaciones perfectas de materia y espíritu. Por tanto, cuando la materia falla, el espíritu debe salir.

El punto esencial que se debe tener en cuenta es que, dado que la sustancia del alma es espiritual y no material, no muere cuando abandona el cuerpo. Más bien se mantiene viva. Los espíritus nunca mueren. Al igual que los ángeles, una vez que Dios crea un alma humana, esta alma es inmortal.[3]

Surge, entonces, la pregunta: ¿qué le sucede exactamente al alma en el momento de la separación del cuerpo?

Y aquí debemos unir dos hilos de pensamiento que hemos analizado en los dos capítulos anteriores. Primero, debemos volver a la idea de que los seres humanos tienen la capacidad de tomar malas decisiones y permanecer, obstinadamente, en ese error. Segundo, debemos volver a la idea de que cuando los espíritus puros toman decisiones, estas son irrevocables y eternas debido a la naturaleza misma de las decisiones espirituales. En conjunto, estas dos ideas ayudan a explicar por qué algunos seres humanos van al infierno y se quedan allí para siempre.

Volvamos a cada uno de estos conceptos por separado. En el primer capítulo nos referimos a la capacidad que todos tenemos para hacer el mal. Quizás nunca matemos a alguien ni realicemos actos de extrema crueldad, pero todos tenemos dentro la semilla de la maldad. Todos tenemos la capacidad de hacer el mal. En algunos casos, la potencialidad de este mal es más evidente. Pero, por lo general, se manifiesta en la egolatría, el egoísmo, la indignación orgullosa y en los intentos que hacemos para sobresalir más que los demás a costa de ellos. Este comportamiento, en realidad, es contrario a la virtud del amor porque, por definición, el amor es entrega y sacrificio desinteresado en favor de los demás. Por lo tanto, cada vez que deliberada e injustamente arrastramos a otros hacia abajo (en pensamientos, palabras o acciones), estamos cometiendo un pecado contra el amor.

La mayoría de las veces nos arrepentimos de ese pecado; nos sentimos culpables, reconocemos que hemos hecho algo mal y decidimos no volverlo a hacer, aunque si caemos más de una vez en lo mismo, es probable que nos desanimemos e incluso nos hundamos en la desesperación. Pero casi siempre nos recuperamos de esos reveses morales. Es más, el cristianismo enseña que, a lo largo de nuestra existencia, Dios continuamente nos brinda auxilio para alejarnos del mal. Esta ayuda se llama gracia y se presenta en muchas formas: por inspiración directa de Dios, el socorro de sus ángeles, las ideas que sacamos de la Biblia y de otros escritos espirituales, los hábitos de pensamiento y la confianza obtenidos por el sufrimiento, el estímulo de la conversación con amigos, la fortaleza espiritual a través de ciertos sacramentos de la iglesia e incluso la intervención directa y radical del Espíritu Santo. Mientras vivimos y respiramos, Dios siempre nos da la oportunidad de volver a su lado con gracia.[4] Estamos realmente involucrados en un gran juego cósmico espiritual que nos hala por todos lados. El mal tira de nosotros en una dirección y Dios de la otra, aun cuando nos hemos caído de bruces.

Y esto, en verdad, funciona. Por lo general, recuperamos nuestros sentidos, nos damos cuenta de que estábamos equivocados, nos disculpamos por nuestro mal comportamiento y por lo menos admitimos que necesitamos mejorar.

En esencia, nos volvemos a Dios de acuerdo a las luces que se nos han dado, y logramos vencer el mal, al menos por un tiempo. Esto es lo que constituye el significado cristiano de la palabra *arrepentimiento*. Arrepentirnos es una fuerte indicación de que aunque seamos pecadores, no somos de esos pecadores cauterizados que desean seguir pecando.

Sin embargo, hay circunstancias en que nos cuesta optar por el arrepentimiento y cambiar de dirección. Optamos por permanecer atrincherados en nuestra maldad y, como dice la Biblia, preferimos las tinieblas que la luz.[5]

Hablamos de esto anteriormente, pero es importante volver a referirnos a esa mentalidad perversa. Piensa por un momento en algunas de las veces en que has sido culpable de lo que podríamos calificar como obstinación orgullosa. ¿Alguna vez has tenido un altercado o un desacuerdo desagradable con alguien y te has negado a hacer las paces? Ese alguien bien pudo haber sido un compañero de trabajo, un familiar o un vecino. ¿Quizás ese alguien tuvo el descaro de pensar que la culpa la tuviste *tú*? ¿Recuerdas haber pensado algo como: *Nunca me disculparé con esa persona*? *¡Nunca!*

No estoy hablando de la ira que sentiste cuando el conflicto estalló. Estoy hablando «de después», cuando todas las emociones acaloradas disminuyeron, cuando lo único que impedía la reconciliación era que no creías que hiciste nada malo y te sentías muy cómodo manteniéndote en un estado de guerra.

¿Puedes recordar un momento en el que te sentiste así? ¿Cuando realmente *fuiste* tú el culpable? ¿Cuando *sabías* que te habías equivocado pero tu terquedad y tu orgullo te impidieron hacer las paces? ¿Puedes recordar un momento en que sabías que estabas equivocado, pero no te importó? ¿Un momento en el que preferiste mantenerte resentido y lleno de rencor, a pesar de que sabías que tú eras el culpable?

Como dijimos en el primer capítulo, la verdad es que a veces nos sentimos bien estando enojados. Preferimos mantenernos así más que cualquier otra cosa en el mundo; permanecer en un estado de miserable desprecio que pasar por la molestia de admitir nuestra equivocación y restaurar la paz. A veces nos resulta más placentero ser malhumorados, mezquinos y orgullosos que ser misericordiosos y amorosos, sin que nos importe la gracia que podríamos recibir de Dios. En la práctica, es esta obstinación la que cierra la puerta a la gracia. Dios podría estar haciendo todo lo posible a través de su inspiración, su Palabra, su iglesia, y sus mensajeros humanos y angelicales para que tomemos la decisión correcta. Pero, en definitiva, es posible decir no a la gracia y optar por una elección infernal. Lo hacemos más veces de lo que nos gustaría admitir. Y es exactamente ese tipo de persistencia en el pecado y la dureza de corazón lo que debemos tener en cuenta a medida que avanzamos hacia el segundo hilo de pensamiento del que hablamos para comprender el infierno.

En el capítulo 2 nos referimos a la diferencia entre las decisiones hechas por los ángeles y las hechas por los seres humanos. Los ángeles, en su calidad de espíritus puros, no tienen cerebro ni sistema nervioso a través de los cuales necesiten filtrar sus pensamientos. Ven las ideas de forma intuitiva, inmediata y completa, sin tener que pasarlas por ningún proceso de deliberación y sin tener que lidiar con sesgos ambientales o genéticos. Por lo tanto, su facultad volitiva puede operar libre e instantáneamente. En un *flash*, simplemente ven las ideas y deciden.

El resultado es que cuando un ángel decide rechazar a Dios, esa decisión es irrevocable, porque no hay nada que pueda reconsiderar. En el puro principio, él intuye todas las posibles razones y consecuencias, y siendo un espíritu puro, no experimenta algún crecimiento o madurez de carácter que pueda darle una mayor capacidad para ver su error. Y como no recibe ninguna información nueva, no tiene ninguna razón para modificar sus decisiones. Un ángel no puede cambiar de opinión por la sencilla razón de que no tiene mente para cambiar.

Todo esto es terreno que ya hemos cubierto, pero ahora llegamos a una pregunta complicada. ¿Qué nos sucede en el momento de la muerte, cuando nuestras almas se desconectan de nuestros cuerpos? ¿Cuándo esas almas pasan a ser espíritus puros, sin cerebro ni sistema nervioso? ¿Cuándo el mecanismo de elección de nuestra voluntad se desnuda y deja de estar sujeto a algún organismo material y ya no se ralentiza por procesos fisiológicos o por factores genéticos y ambientales?

Este es un tema muy misterioso, por lo que debemos considerarlo cuidadosamente. El cristianismo siempre ha enseñado que, en el momento de la muerte, el alma humana se somete a juicio sobre todas las acciones que ha tomado en su existencia terrenal.[6] En el próximo capítulo nos referiremos específicamente a la naturaleza de este juicio, pero por ahora solo quiero que entiendas que la noción de juicio presupone que cuando pasamos el momento de la muerte, ya no tenemos la capacidad de influir en nuestro destino, de elegir a favor o en contra de Dios, de decir sí o no a la gracia, de hacer bien o mal, de tener fe o no en Cristo. Todo nuestro poder para alterar nuestras acciones y decisiones ha concluido. El tiempo de la prueba ha terminado. En esencia, *nuestro reloj elector corporal* se ha detenido.

¿Por qué? La razón es que, en el mismo instante de su separación del cuerpo, el alma humana comienza a vivir como un espíritu puro. Sus decisiones se hacen inmutables. Y la decisión inmutable e irrevocable que el alma toma cuando deja su cuerpo no es más que *la que hizo cuando estuvo unida a su cuerpo*.

¡Presta mucha atención a esto! En el momento de la muerte, nos volvemos similares a los ángeles.[7] Sin el cuerpo, todo lo que queda es el intelecto y la voluntad que constituyen el alma.

Cuando esa alma se separa del mecanismo físico al que estuvo unida durante tanto tiempo, ya no puede cambiar nada. Recuerda que son nuestros cuerpos débiles e ineficientes los que nos hacen dudar en nuestra toma de decisiones. Son los que nos hacen ir y venir en nuestras elecciones un millón de veces. Pero esa misma debilidad, la que nos hace inferiores a los ángeles en términos de nuestra incapacidad para conocer las cosas instantáneamente, es también la que nos da tanto *tiempo* para elegir a Dios cuando estamos en la tierra.

Sin embargo, nuestro tiempo se acaba en la muerte. El estado de nuestras almas en el momento de la separación determina nuestra elección *final* acerca de Dios. Una vez que llega la muerte, todos los procesos deliberativos terminan. Abruptamente. Como humanos, tomamos nuestras decisiones en cámara lenta, pero la decisión a la que libremente llegamos cuando morimos es la que cuenta; es la que queda congelada. Nuestra obstinación terrenal, ya sea para el bien o para el mal, continúa, como si fuera por inercia. En el momento de la muerte, la voluntad del alma se inmoviliza y se fija para siempre en su elección final, ya sea a favor o en contra de Dios. Como un árbol que cae en el bosque, donde sea que toque el suelo es donde se queda.

Para aclarar aún más este punto, echemos un vistazo al alma de alguien que se va al infierno.

El desafortunado ser humano en cuestión simplemente no se ha equivocado ni solo se ha entregado a las tentaciones de la carne. A lo largo de su vida ha hecho con libertad una serie de elecciones que rechazan la gracia de Dios y el don de la fe. También ha tomado una serie de decisiones libres para hacer cosas muy malas y persistir en el mal. En el fondo de su alma, y completamente independiente de todas las consideraciones ambientales y genéticas, su voluntad, ha rechazado de manera constante la voluntad de Dios. Cuando Dios le dio la oportunidad para arrepentirse, dijo que no. Cuando se le presentaron las ocasiones para disfrutar del mal, dio su libre consentimiento. En otras palabras, mucho antes de que su alma se separara de su cuerpo, un estado de obstinación maligna había comenzado a apoderarse de él y eso, de hecho, lo *cambió*.

C. S. Lewis describió bien este proceso de transformación:

> Cada vez que tomas una decisión, estás convirtiendo la parte central de ti, la parte de ti que elige, en algo un poco diferente de lo que era antes. Y tomando tu vida como un todo, con todas sus innumerables opciones —a lo largo de toda tu vida—, lentamente estás convirtiendo esa cosa central en una criatura celestial o en una infernal: en una criatura que está en armonía con Dios, con otras criaturas y consigo mismo, o en una que está en un estado de guerra y odio con Dios, con sus semejantes y consigo mismo. Ser uno de esos tipos de criatura es el cielo: es decir, es alegría, paz, conocimiento y poder. Ser el otro tipo significa locura, horror, idiotez, ira, impotencia y soledad eterna. Cada uno de nosotros en cada momento se dirige a un estado o al otro.[8]

Alguien que continuamente rechaza la gracia de Dios y opta por infestarse del mal asumirá cada vez más e inevitablemente las cualidades infernales del diablo y sus demonios. No dejará de mentir, acusar, menospreciar a los demás, ser egoísta, ofenderse con orgullo, ser cínico, desesperado y rebelde contra todo lo que sea la alegría, la vida y el celestial plan de Dios. Y a medida que su capacidad para el mal aumente con cada pecado, su alma oculta se ensuciará más. Si se enfrenta a la verdad sobre sí mismo, sin variar expresará indignación y se negará rotundamente a aceptar su responsabilidad o a reconocer la necesidad de cambiar. En apariencia, podrá ocultar la verdad e incluso tener éxito en engañar a otros para que crean que es bueno. Podrá camuflar su alma negra como el carbón con un exterior bonito, atractivo y afable. Incluso podrá enmascarar su verdadero egoísmo con actos generosos que llamen la atención, pero Dios, que lo sabe todo, ve dentro de la persona y sabe cuán hipócrita, retorcida y oscura se ha vuelto su alma.

¿Qué le sucede a una persona así en el momento de la muerte? ¿Qué le ocurre al alma obstinadamente malvada de esa persona? Algunos creen que justo antes de que el alma se separe del cuerpo, tal vez milisegundos antes de la muerte e incluso si la persona está inconsciente, Dios da una última oportunidad, una infusión final de gracia, con la esperanza de que cambie su fe y se arrepienta. Pero eso es solo especulación. Nadie sabe con certeza qué sucede entre Dios y un ser humano que acaba de morir. Lo único que el cristianismo enseña con absoluta certeza es que si una persona se pierde, *no es* por falta de misericordia de parte de Dios. De alguna manera, Dios le da a cada persona la *oportunidad* de arrepentirse, así como le ofrece a cada una el *don* de la fe.⁹ Que se acepte esa oportunidad o ese regalo, depende totalmente de la persona.

Tres cosas suceden automáticamente una vez que llega el momento de la muerte.

La primera es que toda gracia de Dios se detiene. La gracia es la ayuda que los seres humanos reciben de Dios en su marcha por la vida terrenal. Pero una vez que ese viaje llega a su fin, ya no hay más ayuda de Dios. Se acabó el tiempo para la misericordia; ha comenzado el tiempo para la justicia. Al morir, a los seres humanos ya no se les da más inspiración de Dios, ningún empujón de parte de sus ángeles, ninguna atracción de sus almas para ayudarlos a volver a levantarse. Por último, quedan solos, con el resultado de su propia y libre elección, solos con su propia naturaleza humana decrépita y divorciada de la gracia. Ya no les queda nada.

Segundo, esa elección, cualquiera que haya sido, permanece fija. Un alma humana que se ha mantenido intransigente rechazando la gracia de Dios durante su vida en la tierra se convierte ahora en un alma cuya decisión es tan inmutable como la del diablo y sus demonios. Los cristianos llaman a esta elección impenitencia final y la identifican con el pecado abominable contra el Espíritu Santo del que Cristo habló en los Evangelios.[10] Es el único pecado que no puede ser perdonado, porque el alma *no quiere ser perdonada*. Más bien, el alma está encerrada en el mismo odio contra la voluntad de Dios que tenía en la tierra, solo que ahora no hay posibilidad de volver atrás. De hecho, no *tiene ningún deseo* de hacerlo. Como espíritu puro, libre de su cuerpo voluble, el alma quiere seguir siendo para siempre obstinada, orgullosa y engañosa, acusadora, resentida, indigna y caída.

Y eso es lo tercero que le sucede a un alma impenitente al separarse de su cuerpo. Cae. ¿Cómo y dónde, exactamente, cae? Ese es el siguiente paso en nuestro viaje.

Cuatro

Caída como la de un rayo

Lo que realmente significa el juicio

Te advierto que los próximos capítulos pueden ser desafiantes. Si no te gusta la teología, es posible que seas tentado a evadirlos. Si lo haces, no hay problema conmigo; no obstante, si realmente quieres entender cómo y por qué la gente está condenada al infierno, entonces vale la pena ir despacio, aunque a veces parezca un poco tedioso. Para que todo esto te sea comprensible, deberías tener una base sólida en cuanto a la teología del juicio. Así que vamos a evitar la tentación de tomar atajos y entraremos al tema con todo cuidado.

La voluntad de Dios es que todas las personas sean salvas.[1] Sin embargo, sabemos que muchas no lo son. ¿Cómo puede ser? Si Dios es todopoderoso y su voluntad es soberana, ¿cómo pueden los seres humanos o los ángeles anular su voluntad? ¿Cómo pueden elegir el infierno? La respuesta es uno de los grandes misterios del cristianismo y tiene que ver con el tema de la providencia.

La providencia, básicamente, significa que Dios creó todo, lo sabe todo y está a cargo de todo. Y que lo que Dios quiere, lo obtiene.[2] Sin embargo, en su deseo de compartir su felicidad de la mejor manera posible, les dio a los seres humanos y a los ángeles el don del libre albedrío. Solo teniendo libre albedrío podemos en realidad participar en la alegría de Dios. Si no tuviéramos libre albedrío, solo seríamos robots glorificados.

Y aquí es donde entra el misterio. Dios quiere que seamos buenos y, sin embargo, nos permite tomar malas decisiones, incluso pecar gravemente contra él. Y que Satanás, los demonios, Judas y Hitler puedan satisfacer sus deseos malignos. Les permite (y a todos nosotros) ir en contra de su voluntad. Desde fuera del tiempo y del espacio, Dios ve nuestras malas decisiones tomadas libremente desde toda la eternidad y las organiza de tal manera que se les saque un bien mayor. Así, por ejemplo, a pesar de que Poncio Pilato y los fariseos conspiraron con libertad para cometer el mayor mal de toda la historia —el asesinato de Cristo— Dios encontró la forma de sacar el mayor bien de aquel hecho, el cual fue la resurrección de Cristo y la apertura de las puertas del cielo. De alguna manera, Dios siempre se asegura de que su soberana voluntad prevalezca sin quitarle a nuestra voluntad individual ni un ápice de libertad. Cómo hace eso, cómo organiza nuestras elecciones libres para que finalmente se ajusten e incluso contribuyan al cumplimiento de su plan divino, es un misterio que va más allá de nuestra comprensión. Pero es parte de la fe cristiana.

La conclusión es que Dios nunca obliga a nadie a ir al infierno. Es todopoderoso; es cierto, pero nos permite elegir contra él, incluso elegir el infierno. Como dijo G. K. Chesterton: «El infierno es el gran cumplido de Dios a la realidad de la libertad humana y a la dignidad de la elección humana».[3]

Sin embargo, como hemos dicho anteriormente, una vez que nuestras vidas terrenales llegan a su fin, también terminan todas nuestras decisiones. El tiempo para el juicio está cerca. Y ese es el tema que abordaremos en este capítulo.

La Biblia claramente implica que las almas de los seres humanos son juzgadas en el mismo momento en que se separan de sus cuerpos. En la famosa parábola del rico y Lázaro, Jesús deja en claro que ambos hombres recibieron su respectivo castigo y recompensa inmediata después de la muerte.[4] Del mismo modo, al «ladrón bueno», colgado en la cruz junto a él, Jesús le prometió que pronto estaría entre los bendecidos: «De cierto te digo que hoy estarás conmigo en el paraíso».[5]

Aunque en este mundo a menudo la justicia se retrasa y se niega, ese no será el caso en el venidero. Después de que mueras, la justicia será rápida y segura. Si alguna vez has presenciado la muerte de una persona, sabes lo solemne que es, no solo porque la persona se va de este mundo para siempre, sino también por el hecho trascendental de que en ese mismo instante, aunque sea invisible ante tus ojos, el alma del difunto está presente ante el tribunal de Dios.

El cristianismo siempre ha enseñado que en realidad hay dos formas de juicio, independientes y distintos. El primero es lo que comenzamos a analizar en el último capítulo y que se conoce como el juicio particular porque tiene que ver con lo que le sucede al alma en el momento de la muerte.[6] Pero también hay algo llamado el juicio final, que es el tema del famoso fresco de Miguel Ángel en la Capilla Sixtina. Este juicio tendrá lugar al final de los tiempos, después de lo que se conoce como la resurrección de los muertos, cuando todas las almas se reúnan finalmente con sus cuerpos.[7] En el resto de este libro, vamos a estar hablando mucho sobre el juicio final y lo que les sucede a los seres humanos como resultado de ese juicio. Por ahora, sin embargo, debemos continuar examinando el estado de un alma que ha sido condenada cuando se separa de su cuerpo terrenal. Su decisión final de rechazar a Dios es tan inmutable como la decisión de Satanás y los otros ángeles caídos.

Pero ¿qué pasa después?

En primer lugar, es imprescindible entender que una vez que el alma se libera de su cuerpo, todavía está muy *viva*. No muere. No hay un solo segundo en que «no exista», en que haya sido «aniquilada», o se haya hecho «nada». El cristianismo enseña que el alma humana tiene un comienzo pero no un final. Fue creada por Dios para ser inmortal. Como principio animador del cuerpo, el alma es la fuerza misma que le da vida y le permite respirar, moverse y pensar; de modo que, cuando deja el cuerpo, no tiene ningún problema en existir por sí sola. Eso es lo que hace el alma. *Vive*.[8]

Estar viva también es estar *consciente*. De alguna manera, le asiste la capacidad de «ver». No con los ojos físicos, por supuesto, sino a través de algunos medios espirituales intuitivos que no tenemos forma de entender.

Recuerda, aunque no tienen ojos, los ángeles pueden ver. Dios el Padre puede ver y no tiene ojos. Y tú mismo puedes ver cuando estás soñando y tus ojos están cerrados. Eso es porque cuando duermes puedes ver las cosas con tu mente y con tu imaginación.

Aquí rige un principio similar. Aunque el alma, propiamente hablando, no tiene mente ni imaginación, disfruta de la facultad de la visión. La vista es un poder que proviene de Dios, y él no nos quita ese poder cuando morimos. Lo que sucede es que cuando estamos vivos y poseemos un cuerpo, el mecanismo de la visión se lleva a cabo a través de los sentidos físicos, a través del nervio óptico, la retina, la pupila, la córnea y el iris, los cuales transmiten imágenes al cerebro. Pero ese sistema de filtrado, en realidad, ralentiza el proceso de la visión. Cuando el alma se separa del cuerpo, no hay limitaciones fisiológicas, por lo que la capacidad del alma para ver será mucho más directa, inmediata y poderosa.

Muchas personas temen que cuando mueran se verán inmersas en la oscuridad. Después de todo, cuando cierras los ojos, está oscuro. Y cuando vemos a una persona que está muerta, sus ojos están cerrados. Por eso es fácil hacer esa conexión entre la oscuridad y la muerte. Pero esa conexión no solo es falsa, sino que en realidad ocurre todo lo contrario. Después de la muerte, no hay un momento de oscuridad. Según la Biblia y todas las tradiciones dentro del cristianismo, Dios es luz.[9] Y su reino es un reino de luz. Cuando los seres humanos mueren, no se sumergen en algún tipo de agujero negro. La muerte no es como la inconsciencia. No es como estar en una habitación oscura. No es como la noche. En el instante en que una persona muere, tiene un encuentro con el Dios vivo y, como resultado, ve la luz que proviene de Dios. Es una luz de profunda iluminación intelectual. Y es una luz que trae consuelo y paz; y, en el caso de un alma condenada, dolor ardiente.

Esta luz constituye la esencia de lo que los cristianos llaman juicio, porque es una luz que ilumina toda la verdad sobre la realidad, incluida la verdad sobre el alma misma.

En el mismo instante de la muerte, todo lo que antes estaba oculto del alma en la vida terrenal se aclara. Por primera vez, el alma puede ver la verdad invisible sobre sí misma. Se ve a sí misma como en realidad es, como Dios la ve. Ve lo bueno, lo malo y lo feo. Ve exactamente cuánto de su vida en la tierra se entregó al amor, y cuánto al egoísmo y al pecado. Ve todo lo que ha pensado, deseado, hablado, hecho y no hecho. Lo ve todo en un destello de luz penetrante.

Este es un punto importante que es necesario entender bien. Cuando el alma recién separada se expone a la luz de Dios y se ve a sí misma por lo que realmente es, conserva su identidad. En otras palabras, cuando la persona muere, seguirá siendo *ella*.

Sabrá quién es y qué le ha pasado. En la otra vida no padecerá de amnesia. De hecho, su memoria y su conciencia se ampliarán aún más, a todo su pasado moral y espiritual y hasta el más mínimo detalle. Podrá ver quién es en el centro de su ser. El juicio particular es ese momento de autorrevelación radical.

Esta es una de las mayores diferencias entre el cristianismo y las religiones orientales, como el budismo y el hinduismo. Según esas creencias, los seres humanos no tienen ningún tipo de identidad permanente. Cuando mueres, quienquiera que hayas sido en la vida, dejas de existir. Tu espíritu puede continuar de otra manera o reencarnarse en otras formas, pero ya no serás realmente tú. El alma humana será como una gota de agua en el océano; perderá su individualidad después de pasar de esta vida.

El cristianismo, por otra parte, enseña exactamente lo contrario.[10] En la próxima vida, no solo continuaremos siendo tú y yo, sino que nos volveremos *más* de lo que en realidad somos. Nuestra verdadera personalidad, nuestro mejor yo, es lo que vivirá en el cielo. Del mismo modo, si rechazamos a Dios, lo peor que tenemos, lo que en esencia queda de nuestra identidad después de haber decidido abrazar el mal y después de que nuestra apariencia falsa y bonita se haya quemado, será lo que perdure para siempre en el infierno.

Como vimos en el capítulo anterior, para un alma condenada, el juicio en realidad consiste en varias fases distintas y simultáneas. Primero, la decisión definitiva del alma sobre Dios se vuelve fija e inmutable. Segundo, toda gracia de Dios se detiene. Tercero, el alma queda expuesta e infundida con una luz de Dios que le permite ver claramente la decisión de rechazarlo que tomó. Esa luz también revela al alma todas las otras elecciones malas que tuvo en la vida. Así, el alma reconoce plenamente su depravación. Cuarto, en virtud de esa libre elección, el alma cae en el infierno.

Esta es una imagen de juicio muy diferente a la idea caricaturesca que tanta gente tiene al respecto. Incluso los cristianos entienden mal el concepto del juicio de Dios. Muchos creen que cuando alguien muere, Dios está esperando en las puertas perladas con el equivalente espiritual de un gran garrote en sus manos, listo para atacar a esa persona por todos sus pecados. Y si esos pecados son lo suficientemente graves, está ansioso por dictar sentencia y abrir una especie de trampa a través de la cual la persona cae en picada al fuego eterno del infierno.

Sin embargo, ese no es el caso. Como dijo el apóstol Pablo acerca de los juzgados: «Estos muestran que llevan escrito en el corazón lo que la ley exige, como lo atestigua su conciencia, pues sus propios pensamientos algunas veces los acusan y otras veces los excusan. Así sucederá el día en que, por medio de Jesucristo, Dios juzgará los secretos de toda persona, como lo declara mi evangelio».[11]

En otras palabras, el juicio nunca debe concebirse como una forma de venganza infligida por Dios desde el exterior. Más bien, es algo que resulta de la naturaleza misma del pecado y la propia conciencia de nuestra decisión —basada en el libre albedrío— de aceptarlo. Por lo tanto, cuando se trata del juicio particular, Dios no tiene que pronunciar una sentencia. Sí, se hace un juicio y se dicta una sentencia. Pero no hay ningún conflicto entre la opinión del tribunal y la del acusado.

En efecto, el proceso no es como el de los juicios en la tierra, en los que un tribunal humano examina un caso, un juez anuncia un veredicto, dicta sentencia y luego la ejecuta. En la corte de Dios, lejos de eso. Allí no hay anticipación, preocupación ni temor mientras el acusado espera la decisión del Juez. La sentencia que manda a un alma al infierno no proviene de ningún tipo de voz retumbante que pueda ser escuchada por el oído. El juicio es puramente una cuestión de *iluminación intelectual*, mediante la cual el alma ve todas las acciones de su vida pasada, ve el juicio de Dios sobre esas acciones, ve claramente que ha rechazado a

Dios y, como resultado natural de ese rechazo, *ha optado* por la separación de Dios. En otras palabras, la decisión del alma está en completa conformidad, armonía y acuerdo con el juicio de Dios. El alma que ha rechazado a Dios *quiere* alejarse de su presencia. El alma cae así en el infierno por su propia voluntad.

Centrémonos por un momento un poco más en la palabra *cae*. ¿Por qué las Escrituras siempre se refieren a caer, en cuanto al diablo y los demonios? ¿Por qué, por ejemplo, el profeta Isaías dijo: «Cómo has caído del cielo, lucero de la mañana»?[12] ¿Y por qué Cristo, en el Evangelio de Lucas, dice: «Yo veía a Satanás caer del cielo como un rayo»?[13]

Es obvio que, dado que el alma es un espíritu puro que no tiene cuerpo, es imposible que caiga como lo hace un ser humano; por lo tanto, no hay duda de que estamos ante una metáfora. Esta, como una buena figura, aunque no sea literalmente precisa, transmite una tremenda cantidad de verdad, incluso la esencia de la verdad. El gran teólogo del siglo trece, Tomás de Aquino, dijo que la virtud era análoga a la levedad y el pecado a la pesadez. Las cosas que son ligeras naturalmente se alzarán, mientras que las pesadas, por su peso, caerán. Así, el amor a Dios y al prójimo, como una llama, se eleva hacia el cielo, mientras que el odio a Dios y al prójimo, como un peso pesado, desciende al infierno.

Sin embargo, hay más en esta metáfora que solo un componente direccional. La caída de un alma en el infierno también significa alejarse de Dios. Representa el deseo de un alma de retirarse a una distancia infinita de lo que odia. La metáfora también transmite la idea de velocidad. El alma no solo se retira de Dios, sino que cae como un rayo.

¿Cómo podemos entender esto mejor?

Cuando una persona se rebela contra Dios, incluso en esta vida, hay una reacción natural incorporada. Es como cuando alguien pone la mano en el fuego. Al hacerlo, se quema inmediatamente.

No ocurre nada entre el acto de poner la mano en el fuego y quemarse. No se requiere ninguna acción secundaria para que la persona sienta esa sensación de ardor. Su cerebro no tiene que hacer ninguna decisión. No es un proceso lento. Solo ocurre como consecuencia de una acción. Y si mantiene la mano en el fuego más tiempo, más dolor habrá. La carne se quemará, cambiará de color e incluso comenzará a desprenderse de la mano.

Ocurre lo mismo con el pecado. Cada vez que alguien se rebela contra Dios, se produce una reacción automática, lo que podría describirse como desintegración o desorden u oscurecimiento del espíritu.[14] La reacción puede no ser visible de inmediato, pero en algún momento dará como resultado dolor, aislamiento, quebrantamiento e infelicidad. Dios no tiene que *hacer* nada para que sientas esas cosas. No tiene que enviar ningún rayo desde el cielo. Es solo parte del mecanismo incorporado que viene junto con tener libre albedrío. Cuando alguien abusa de su libre albedrío para rebelarse contra Dios, hay consecuencias naturales que simplemente *deben* producirse. Es una ley del universo tan cierta como la de la gravedad.

¿Por qué? Porque el que se aleja de Dios se está alejando de todo lo que Dios es. Tocamos este punto anteriormente. Dado que Dios es luz, alejarse de él implica sumergirse en la oscuridad. Dado que Dios es orden, alejarse de él conducirá al caos. Dado que Dios es sabiduría, alejarse de él conducirá a la confusión. Dado que Dios es paz, alejarse de él provocará conflictos. Dado que Dios es bello, alejarse de él hará que las cosas se vuelvan desordenadas y feas. Todo esto es solo cosa de sentido común. El castigo que recibimos como resultado de pecar no tiene nada que ver con que Dios se vuelva en contra nuestra. Tiene que ver con la desintegración, la oscuridad y el desorden que resultan de rebelarse contra él.

Si has tenido el hábito de rebelarte contra Dios a lo largo de tu vida e incluso en el momento de la muerte aún no te arrepientes, eso también tendrá una consecuencia automática. Si has rechazado la gracia que Dios te ha dado libremente, si te has negado a amar a Dios y a tu prójimo como todos estamos llamados a hacerlo, si has llegado al final de tu vida y tu actitud sigue siendo «no me importa lo que Dios quiera, lo que cuenta es lo que *yo* quiero», entonces se puede anticipar con certeza lo que va a suceder. Tu alma separada —ahora fija e inmutable en su decisión contra Dios— será bañada por la dura luz de la verdad, con todos sus pecados expuestos y en virtud de su propia libre elección se alejará inmediatamente de Dios de la misma manera que lo hizo en la tierra. Va a *querer* huir. Va a *querer* correr. Va a *querer* retirarse y caer, solo que esta vez la caída será para siempre.

Aquí hay una buena manera de entender cómo se desarrolla el juicio de los condenados. Trata de pensar en un momento en que no te iba bien espiritualmente, cuando estabas cometiendo un pecado en particular y sabías que estabas equivocado, pero no estabas listo para detenerte; cuando estabas en un estado espiritual muy bajo y en una actitud de rebeldía, ¿tenías deseos de orar? ¿Te apetecía leer la Biblia? ¿Deseabas ir a la iglesia? ¿Anhelabas pensar en Dios? ¿Cuál era tu actitud general hacia las cosas y actividades que tenían que ver con la espiritualidad? Probablemente no querías tener nada que ver con esas cosas, ¿verdad?

Por mi propia experiencia personal, puedo decirte que cuando he estado bajo la fuerte presión de un pecado particularmente atractivo y no he tenido ganas de arrepentirme y dar un giro de ciento ochenta grados, *lo último* que he querido hacer ha sido pensar en Dios. En esos momentos, no he querido ver nada que remotamente me recordara a Dios. Si, por ejemplo, estaba viendo televisión, y por accidente se proyectaba en la pantalla a alguien con una Biblia en la mano y predicando, era lo suficientemente rápido como para cambiar de canal. Si pasaba ante una iglesia, miraba para otro lado. Si estaba examinando libros en mi oficina o en mi tableta y veía un clásico espiritual, lo pasaba con rapidez. Cualquier cosa que me recordara a Dios me era dolorosa, porque me obligaba a enfrentar mi propio mal comportamiento, cosa que no quería. Por fortuna, en la actualidad no experimento ese fenómeno tanto como antes, pero recuerdo muchas veces cuando lo hice.

Sin embargo, ¿qué pasaría si no se tratara solo de fallas morales o atracones pecaminosos o caídas simples? ¿Qué pasaría si, en lugar de hacer el mal de vez en cuando, llegara a *amarlo*? ¿Qué pasaría si dejara que mi alma se desviara tanto que comenzara a odiar lo que es bueno? ¿Si mi aversión a Dios y a todas las cosas que me lo recuerden se convirtieran en un disgusto permanente? ¿Si llegara al final de mi vida y aún estuviera atrapado en ese estado endurecido, impenitente e infiel?

La respuesta es que sucederá exactamente lo que ocurrió cuando estaba vivo y sumido en el pecado. Vería la luz de Dios y querría correr en la dirección opuesta. La luz no sería hermosa, cálida ni acogedora; sería dolorosa porque me convencería de todos mis pecados. No podría soportar mirar a Dios. Querría alejarme de él lo más rápido que pudiera. De hecho, me sumergiría directamente en el infierno. Esa sería mi reacción natural e instantánea, y Dios no tendría necesidad de levantar ni uno de sus dedos para señalarme el camino.

Eso es lo que realmente se entiende por los términos *caer* y ser *juzgado*.

Surgen, entonces, las preguntas: ¿a dónde va a caer, exactamente, el alma? ¿Qué sentirá cuando llegue allí? ¿Qué sufrimiento padecerá? ¿Cómo podrá experimentar el sufrimiento si no tiene cuerpo?

Y aquí es donde realmente comienza la gira por el infierno, porque aquí es donde el dolor empieza.

Evita un movimiento equivocado

Cómo darle sentido al sufrimiento espiritual

Antes de entrar a analizar el dolor real que el alma sufre en el infierno, debemos hacer una pausa para responder lo que podría considerarse una pregunta tediosa y mecánica: ¿cómo puede el alma sentir dolor? Porque, después de todo, el alma es espiritual, mientras que el dolor es básicamente un fenómeno físico o emocional.

Aunque parezca un tanto laborioso, es imperativo que entremos al tema paso a paso. La razón para hacerlo así es doble. Primero, la enseñanza cristiana sobre el infierno no es muy fácil de comprender y se construye, lógicamente, pieza por pieza. Segundo, este no es solo un libro sobre el infierno; es también una *guía de viaje*. Lo que significa que si hacemos un movimiento equivocado, una ligera desviación, podría llevarnos en una dirección completamente diferente. Eso es algo que no podemos permitirnos. En este viaje no son apropiados los atajos; ni podemos irnos por el camino equivocado. El infierno es un asunto demasiado importante. Hay más que suficientes personas que no creen en él o no lo toman en serio. Por eso, los cristianos debemos hacer todo lo posible para entender por qué existe un lugar tan terrible y cómo es que Dios permite que la gente vaya allí. Si no nos tomamos el tiempo y enfrentamos las dificultades para pensar en el infierno, ¿sabes qué pasará? *Aumentará* el número de personas que irán allí.

Así que, volviendo al punto donde quedamos en el capítulo anterior, el alma condenada se ha separado de su cuerpo, ha experimentado un juicio; se alejó de Dios por su propia voluntad, dejando, en esencia, la presencia de Dios y cayendo en el infierno.

Debido a que estamos hablando de un espíritu puro, términos como «volverse», «irse», «caer» no pueden tomarse al pie de la letra. El reino espiritual no tiene un componente espacial ni geográfico. Por lo tanto, la mejor forma en que podemos referirnos al hecho es que el alma reprobada ha elegido libremente rechazar a Dios, aislándose así de él, de manera similar a lo que ocurre cuando cerramos los ojos o ponemos las manos frente a nuestras caras para bloquear la luz o evitar ver algo que nos desagrada o nos asusta. El punto no es tanto comprender exactamente el modo en que las entidades espirituales hacen eso, sino aceptar que en realidad tienen ese poder. Durante el juicio, pueden alejarse de Dios e ir al infierno sin moverse un centímetro.

Recuerda que muchos cristianos creen que los seres humanos se someten a *dos* juicios. El primero ocurre en el momento en que morimos y es específicamente para el ser humano como individuo. El alma de la persona deja su cuerpo y en un instante se da cuenta de la decisión final que ha tomado en la vida terrenal: aceptar o rechazar a Dios. A esto se le conoce como el juicio particular; y, como resultado, el alma va al cielo o al infierno (de nuevo, aquí no estamos tocando la posibilidad de un purgatorio que los católicos creen que es parte del cielo; un proceso de limpieza antes de ver a Dios cara a cara).

Después del juicio particular, el alma condenada experimenta de inmediato algunos de los dolores del infierno. Digo *algunos* porque, en este punto, el alma está separada de su cuerpo y no puede experimentar sufrimiento corporal. Después, al final de los tiempos, habrá otro juicio, llamado el juicio final al que más adelante le dedicaremos un capítulo entero, pero por ahora lo único que necesitamos saber es que, en el juicio final, el alma no es juzgada nuevamente. No hay ninguna reevaluación o reconsideración del pasado. El juicio al que somos sometidos en el momento de la muerte es permanente e irrevocable. Lo que ocurre en el juicio final es que, principalmente, nuestras almas se *reúnen* con nuestros cuerpos y luego se confirman de forma pública en cualquier juicio que ya se haya hecho. Volvemos a ser seres humanos completos y comenzamos a experimentar el cielo o el infierno de una manera diferente, más física y en un lugar más físico.

Las preguntas que debemos considerar son las siguientes: ¿qué le sucede al alma en el infierno *antes* de que se reúna con su cuerpo en el juicio final? ¿Qué tipo de sufrimiento experimenta cuando está en ese estado puramente espiritual? Como acabamos de decir, un alma no puede experimentar dolor físico. Cuando la Biblia y los grandes santos y escritores espirituales del pasado describen el infierno en términos de llamas de fuego inextinguible, que arde sin consumirse,[1] no están hablando de un fuego terrenal real, al menos no en referencia al infierno antes de la resurrección. Después de todo, es imposible prenderle fuego a un espíritu puro, ni con una cerilla, ni con un soplete, ni siquiera con una bomba. El fuego es el efecto visible de una reacción química llamada combustión, que ocurre entre el oxígeno en el aire y algún tipo de combustible. El fuego solo puede encenderse cuando los gases interactúan entre sí, gases formados por moléculas. Como es obvio, todas estas cosas pertenecen al mundo material, no al espiritual. Así, cuando la Biblia menciona el fuego del infierno, se refiere a una forma misteriosa de fuego espiritualizado que no tenemos modo de entender o al fuego en el infierno *después* de la resurrección, cuando los seres humanos vuelven a tener un componente material en su estructura.

A pesar de esta pregunta legítima sobre la naturaleza del fuego del infierno, el cristianismo enseña con absoluta certeza que *hay* dolor en el infierno incluso antes de que los seres humanos recuperen sus cuerpos. Dolor espiritual real. Dejando a un lado el tema del fuego por un momento (no te preocupes, volveremos a él), centrémonos en los tipos de dolores espirituales que conocemos un poco. Para dar sentido a tal sufrimiento, primero debemos recordar qué es el alma. Esa es realmente la clave para desbloquear el misterio del dolor espiritual.

El alma es la parte inmortal e inmaterial del ser humano. Es lo que le da vida al ser humano. Es el principio animador del cuerpo. También es el asiento del intelecto y la voluntad. En otras palabras, el alma da a los seres humanos la capacidad de razonar y elegir. En conjunto, estas habilidades explican por qué la Biblia dice que los seres humanos están hechos a imagen y semejanza de Dios,[2] en quien también existe intelecto y voluntad.

Sin embargo, esta definición no da toda la historia. Decir simplemente que el alma es una fuerza animadora con la capacidad de razonar y elegir hace que parezca una entidad fría y robótica, algo que solo elabora pensamientos y toma decisiones vinculadas a ellos. La verdad es más compleja y más difícil de sondear. El intelecto del alma no es solo una computadora que razona, y el principio de animación es más que una fuerza vital. Los dos juntos son la *fuente* de nuestra conciencia, nuestra memoria, nuestra imaginación, nuestras emociones, nuestra capacidad de hacer uso de los sentidos y la conciencia. Estas facultades humanas no se originan en ningún órgano corporal; son posibles gracias al alma.

Nuestras almas se unen con nuestros cuerpos en una alianza tan completa e íntima que forman una naturaleza humana. Eso significa que Dios no solo los unió, como dos piezas de arcilla de diferentes colores que están unidas entre sí pero que aún conservan sus cualidades distintivas. Más bien, Dios unió el cuerpo con el alma de una manera tan perfecta que se convirtieron en algo totalmente nuevo.[3] El proceso es más parecido a la unión de hidrógeno y oxígeno para formar agua, un líquido que es muy diferente a cualquiera de esos dos gases separados. El alma es, pues, una creación incompleta sin el cuerpo y el cuerpo es una creación incompleta sin el alma. Ambos se necesitan mutuamente para constituir un ser humano completo.

Debido a esa unión íntima, sustancial y única, es muy difícil separar los roles distintivos del alma y los del cuerpo, y definir exactamente lo que cada uno aporta al comportamiento humano. Lo que afecta al alma afecta al cuerpo y viceversa. Del mismo modo, las facultades del alma se llevan a cabo *a través* del cuerpo.

Hablando en términos prácticos, esto significa que el alma se expresa principalmente por medio del cerebro humano. Por ejemplo, ya dijimos que el alma es lo que da vida al cuerpo humano. Y, sin embargo, cuando las ondas cerebrales se detienen, la vida se vuelve insostenible y la persona muere. Por lo tanto, en el ser humano, el cerebro y el alma están inextricablemente unidos.

También dijimos que el alma es racional. Los seres humanos no obtienen su capacidad de razonar de sus cerebros; la obtienen de sus almas. El cerebro actúa como una especie de procesador para la racionalidad del alma. Pero el cerebro humano, siendo físico y cuasimecánico, no traduce esa racionalidad en una forma perfecta, pura, sin destilar. El cerebro es un órgano maravilloso pero imperfecto. Tiene muchas limitaciones, las cuales impiden que el poder racional del alma actúe de manera instantánea y completa. Además, si el cerebro se desordena de alguna manera, debido a una lesión o a una enfermedad o al uso de drogas o a una mutación genética como el síndrome de Down, su incapacidad para traducir la racionalidad del alma se vuelve aún más pronunciada, y la parte racional del alma no lo hará brillar tan efectivamente como debería. Eso no significa que no esté allí, solo que está oscurecido. Algún día, en el cielo, podremos ver el verdadero poder racional de todos los seres humanos, incluidos aquellos con discapacidad mental, pero hasta entonces, esa habilidad permanece parcialmente oculta.[4]

Lo mismo es cierto para la libre voluntad del alma. Hemos visto cómo la fisiología del cerebro —sus lóbulos, cortezas, neuronas y sinapsis— ralentiza el proceso de toma de decisiones y nos permite reconsiderar nuestras elecciones y cambiar de opinión un millón de veces. Además de eso, nuestros hábitos, estados de ánimo, niveles de estrés y una gran cantidad de factores ambientales afectan tanto al cerebro que la libre voluntad del alma se ve constantemente comprometida, hasta tal punto que solo Dios mismo puede ver cuán culpables somos por las decisiones pecaminosas que tomamos.

Todo esto significa que el cuerpo actúa como un mecanismo de filtrado para las operaciones principales del alma y, por lo tanto, nos impide poder identificar esas operaciones con claridad. Esto es aún más evidente cuando se trata de nuestra visión, nuestra imaginación y nuestras emociones. Estas funciones están realmente conectadas al cuerpo. De hecho, son casi imposibles de entender aparte de la fisiología humana. Por ejemplo, mencionamos en el capítulo anterior que un alma separada de su cuerpo todavía puede ver, no a través del proceso fisiológico con el que estamos familiarizados, en el que la luz y las imágenes se proyectan en la retina y luego son transmitidas por el nervio óptico a través de señales eléctricas al cerebro, sino a través de un misterioso poder espiritual.

¿Cómo podemos estar seguros de eso? En el Antiguo Testamento y el Nuevo, es evidente que los ángeles, que son espíritus puros, pueden ver y reconocer a los seres humanos y ayudarlos en varias maneras. La misma habilidad se puede observar en el diablo y sus demonios, que se muestran a través de las Escrituras tentando y poseyendo a personas.[5] Estas criaturas puramente espirituales no podrían realizar tales operaciones a ciegas. De alguna manera, son conscientes y capaces de interactuar no solo con seres humanos corporales, sino también con otros seres sin forma e invisibles. De alguna manera son capaces de verse entre ellos. Esto solo podría ser posible si la fuente de visión es el espíritu y no el cuerpo.

Los seres humanos no son ángeles, sino que la capacidad de sus almas para ver funciona según el mismo principio expuesto líneas antes. Mientras estamos vivos en la tierra, el proceso de la visión lo realizan los ojos junto con el cerebro. Pero cuando morimos, esa facultad es llevada a cabo por el alma misma, desde donde se origina la facultad de la visión.

Piensa en esa increíble mujer, Helen Keller, que fue ciega y sorda toda su vida. Nunca escuchó música. Nunca vio una puesta de sol. Tampoco escuchó una palabra cruel ni vio un acto de violencia. Vivió en total silencio y oscuridad hasta el momento de su muerte. Hoy, el alma de Helen Keller sigue viva, ojalá en el cielo. Sin embargo, un día, después de la resurrección, tendrá un nuevo cuerpo, un cuerpo libre de todas las enfermedades y trastornos. Tendrá ojos que funcionen y oídos que funcionen. Pero Helen Keller no tendrá que esperar hasta la resurrección para ver o escuchar cosas. Todo lo contrario. Como alguien comentó una vez, a pesar de la tragedia de su vida, es sorprendente pensar que el primer sonido que Helen Keller escuchó alguna vez fue la voz de Dios y lo primero que vio fue el rostro de Dios.

Sí, cuando murió Helen Keller, *adquirió* la capacidad de escuchar y ver. Eso es lo que enseña el cristianismo.

La facultad de la imaginación también es algo que continuará después de la muerte, aunque de una manera muy diferente. En la tierra, la imaginación humana siempre implica la creación o el recuerdo de imágenes mentales que se manipulan y transmiten a través del cerebro y el sistema nervioso. Debido a esta dependencia del cuerpo, el alma incorpórea no tendrá el poder de imaginar las cosas de la misma manera.

Insisto, sin embargo, la *fuente* de la imaginación humana es el alma, porque nos proporciona la chispa creativa, la capacidad de formar conceptos e imágenes en nuestras mentes. La creatividad es un talento dado por Dios, un reflejo de la propia naturaleza de Dios como Creador.[6] Por lo tanto, si bien es cierto que Mozart usó y perfeccionó la capacidad de su cerebro para visualizar imágenes musicales y escribir sus sinfonías, su habilidad real para crear era espiritual, un regalo de Dios y, como tal, residía en su alma. Su imaginación humana, íntimamente unida a la facultad creativa de su alma, le permitió producir sus obras maestras de la manera que lo hizo, a través de una serie de acciones mentales que implican inspiración, transpiración, composición y revisión. Pero el poder mismo se originó en su alma. Y esto es cierto para todos los artistas.

Ahora, si una persona muere y es condenada al infierno, su alma retendrá ese algo que le dio la capacidad de imaginar cosas en la tierra, así como retendrá ese algo que le dio la capacidad de ver y oír.

Se puede hacer una observación similar sobre las emociones de una persona. Las emociones, por definición, son fenómenos fisiológicos experimentados y expresados a través del cerebro, el sistema nervioso, el sistema sensorial-motor y el resto del cuerpo. Las almas, como entidades puramente espirituales, no pueden emocionarse como lo hacemos nosotros. No tienen presión arterial que pueda aumentar, glándulas suprarrenales que puedan bombear, cuerdas vocales que puedan gritar, bocas que puedan reír u ojos que puedan llorar.

Sin embargo, eso no significa que las emociones humanas y el alma no estén conectadas. ¡Lo están! Todas las emociones surgen de la *unidad* del cuerpo y el alma. Son posibles, en parte, por nuestro libre albedrío, el cual desea ciertas cosas y, porque a veces se ve frustrado en tales deseos, con sentimientos resultantes de disgusto o tristeza.

Ni Dios ni los ángeles ni el diablo ni los demonios son esencias frías o parecidas a una computadora. El diablo *odia* a Dios. Dios *ama* a los seres humanos. Estas son verdades irrefutables. Las acciones espirituales de odiar y amar pueden no ser las mismas que sus equivalentes corporales, pero tampoco son simples evaluaciones hechas por intelectos frígidos, sin corazón, superracionales. La ira justa y poderosa de Dios como se describe en el Antiguo Testamento, e incluso la ira justa y poderosa de Cristo en el Nuevo Testamento, indican algo significativo. Sí, los autores bíblicos articularon la ira en lenguaje humano para que los seres humanos pudieran entenderla mejor, pero sus escritos estaban basados en una gran verdad: el sentimiento es un regalo que proviene de Dios, hecho posible por el alma trabajando en unión con el cuerpo.

O veámoslo de esta otra manera. Las almas de las personas en el cielo están genuinamente gozosas cuando ven a Dios y se reencuentran con las almas de sus seres queridos. El gozo que experimentan es real y mucho más similar a la emoción humana que a cualquier tipo de apreciación fría y racional de la bondad de Dios. Del mismo modo, las almas de las personas en el infierno son genuinamente odiosas y resentidas hacia Dios, incluso antes de que recuperen sus cuerpos en la resurrección. Eso es porque, en sus vidas terrenales, odiaban a Dios y amaban el mal. La base para estas emociones era un orgullo malicioso en sus almas, orgullo que sigue vivo después de la muerte y hace posible el equivalente espiritual de la ira y el resentimiento en el infierno.

Por lo tanto, aunque el alma humana separada del cuerpo no puede experimentar las emociones como tales, ya que en última instancia es la *fuente* de todo sentimiento, es capaz de experimentar algo *similar* a la emoción después de la muerte.

¿Entiendes lo que estamos diciendo aquí? ¿Ves a qué nos está conduciendo? Un alma en el infierno, aunque totalmente desconectada de su cuerpo, puede experimentar algo similar a las sensaciones, aunque no empleará órganos sensoriales reales para experimentarlas. Un alma en el infierno podrá ver y escuchar e incluso sentir de alguna manera. Y *por eso* puede experimentar alguna forma de dolor y sufrimiento, incluso antes de la resurrección.

Quizás la mejor manera de ilustrar esto es volver a la analogía del sueño. Una persona dormida está básicamente inmóvil. Se acuesta en su cama, ajena a lo que está sucediendo en el mundo. No está utilizando sus extremidades. Sus ojos están cerrados. No usa de manera consciente ninguno de sus sentidos. Su sistema nervioso autónomo controla todos sus diversos procesos fisiológicos: respiración, digestión, circulación, etc. Sin embargo, aunque sus sentidos están en la posición de apagados, aún puede estar soñando y, por lo tanto, es capaz de experimentar las ilusiones más reales. Puede estar corriendo. Puede estar hablando. Puede estar sollozando. Puede estar escuchando música. Puede ver a otras personas y sentir su presencia. Si tiene una pesadilla, puede experimentar emociones como el miedo o la envidia o el desánimo o la soledad o el dolor o incluso la ira. De hecho, las cosas que ve y siente pueden ser tan reales que su presión arterial puede elevarse hasta el punto en que realmente se despierta llorando o gritando.

Esta analogía nos ofrece un pequeño vistazo de la manera en que un alma en el infierno puede experimentar dolor antes de la resurrección. Por supuesto, de ninguna manera es una analogía perfecta. Es más, cuando se trata de sufrimiento espiritual, comparar pesadillas no es tan aterrador como la realidad. Después de todo, cuando una persona tiene una pesadilla, todavía está usando su imaginación, que el alma no posee, estrictamente hablando. La imaginación es algo increíble, pero a menudo puede servir para ocultar el significado de un sueño y hacer que su contenido parezca confuso, aleatorio y desconectado. La visión de un alma en el infierno no tiene tanta confusión. Cuando sufre el equivalente espiritual de grandes tormentos mentales, visuales, auditivos y emocionales, lo hace con la claridad más intensa y real. Y, por supuesto, a diferencia del dolor en un mal sueño, que llega a su fin, el sufrimiento del alma nunca se detiene, porque ya está completamente despierta y viviendo su verdadera vida.

¿Cuáles son esas pesadillas que un alma en el infierno ve, oye y siente tan claramente? Esa es la próxima parada de nuestro viaje.

Un anticipo del dolor

El sufrimiento en el infierno antes de la resurrección

Como dijimos al comienzo de esta guía de viaje, en estos momentos hay almas en el infierno. Mientras lees estas líneas, ellas sufren una angustia terrible. Es hora de que hablemos de ese sufrimiento.

En el capítulo anterior vimos las diversas facultades del alma, lo que le permite —incluso cuando está desconectada del cuerpo— mantener su identidad, conocerse a sí misma, percibir su entorno y experimentar algo similar a ver, oír, recordar, imaginarse y emocionarse. Todo esto en conjunto le da al alma la capacidad de sufrir cuando está en el infierno.

En aras de la simplicidad, no voy a seguir haciendo hincapié en la diferencia entre el dolor terrenal y el infernal. De aquí en adelante, cuando hablemos de un alma en el infierno sintiendo cierto tipo de sufrimiento, lo que realmente queremos decir es que está experimentando el equivalente espiritual del sentimiento. Sabemos que el sentimiento es algo que es posible gracias a que el alma se manifiesta corporalmente en nuestros apetitos sensoriales y en nuestras emociones humanas. Entonces, cuando decimos que un alma en el infierno se siente aislada, envidiosa o dominada por el odio, ten en cuenta que no estamos hablando de emociones sensoriales humanas, sino de algún fenómeno misterioso que correspondería a esas emociones en los espíritus puros.

Con esa salvedad presente, ¿qué *tipo* de dolor sienten esas almas reprobadas?

Los más grandes escritores espirituales de todos los tiempos y de todas las tradiciones en el cristianismo coinciden en un punto esencial con respecto al infierno: el dolor más intenso y el principal castigo sufrido por las almas de los condenados es su separación eterna y su autoexclusión de Dios. Dios hizo el alma humana a su imagen, por lo que solo en unión con Dios pueden los humanos poseer el tipo de felicidad que realmente desean. Si un alma pierde la capacidad de estar en unión con Dios, en esencia lo ha perdido todo.[1]

Leemos sobre este dolor de la pérdida en los muchos libros, artículos y ensayos que se han escrito sobre el infierno. Pero aún así no es un concepto fácil de entender. La única forma de imaginarlo realmente es mediante el uso de una variedad de analogías imperfectas que revelan solo pequeñas partes de la verdad.

Por ejemplo, cuando te alejas de una persona que no te gusta y la excluyes de tu vida, pierdes lo bueno que hay en esa persona y en esa relación. Esto sucede en las familias todo el tiempo, cuando algunos de sus miembros pelean entre sí y luego pasan años sin verse, a veces hasta el final de sus vidas. Por lo general hay una razón para la separación, tal vez una muy buena, pero la separación siempre implica una pérdida de algún tipo. Eso es así porque todos en la vida tenemos algo que ofrecer. Si, por alguna razón, dejas de hablar con tu hermana, tu hermano o tu primo, habrá un inconveniente. Quizás te estés privando del sentido del humor de esa persona. Quizás te estés privando de tener una buena relación con los hijos de esa persona. Tal vez perderás la posibilidad de ver a otros miembros de la familia que *querrías* ver durante las vacaciones. El punto es este: lo bueno que esté conectado con la persona es lo que vas a perder cuando se rompa esa relación. Es solo cuestión de sentido común.

Lo mismo se podría decir de un lugar que no te gusta. Viví varios años en la ciudad de Nueva York, donde había cosas que me gustaban, pero también había otras que me disgustaban. Llegó el momento en que las cosas que no me gustaban se hicieron tan numerosas y tan opresivas que me fui. Fue una decisión con la que me siento muy cómodo hoy. Pero eso no cambia que *perdí* algo. Perdí todo lo bueno, maravilloso y divertido de esa ciudad loca. Perdí la gran variedad de restaurantes, espectáculos y museos. Perdí toda esa energía y esa emoción.

Para mí, el cambio valió la pena. Pero *hubo* algo que perdí. Siempre hay algo que se pierde en cambios de ese tipo. Cada vez que decimos no a algo también estamos diciendo no a una gran cantidad de otras cosas relacionadas, algunas de ellas buenas.

Sin embargo, veamos ahora el alma de una persona en el infierno que se ha alejado de Dios. No hace falta decir que esa persona pensó que tenía buenas razones para rechazar a Dios. Quizás no estuvo de acuerdo con los mandamientos y las leyes de Dios, o con la necesidad que Dios le impuso de tener fe, o con la insistencia de Dios de que amara a sus vecinos, o con el plan de Dios para su vida, o con las diversas cruces y sufrimientos que Dios le dio, o con la idea misma de obedecer a alguna deidad invisible. Cualquiera que sea el caso, le dijo que no a Dios y persistió en su no hasta el final, hasta el momento en que su decisión se volvió irrevocable. Como hemos visto, es posible que un alma tome esa decisión. Pero incluso si esa elección se hace libremente, todavía hay algo a lo que el alma sabe que está renunciando.

Y aquí llegamos a la naturaleza de ese sacrificio trascendental. ¿A qué renuncia exactamente un alma cuando rechaza a Dios?

Durante siglos, los teólogos han tratado de describir cómo será la experiencia de ver y amar a Dios en el cielo. Incluso tienen un nombre para ello: *la visión beatífica*. En estos momentos en el cielo, los ángeles y las almas de los bienaventurados pueden ver a Dios por intuición directa, clara y distintivamente; cara a cara, sin otras cosas creadas en el medio. Aquí en la tierra no tenemos esa percepción inmediata de Dios. Lo vemos indirectamente a través del mundo creado, que actúa como una especie de espejo para Dios.[2] Vemos a otras criaturas a nuestro alrededor que parecen poseer diferentes cualidades de Dios, y luego —a través del razonamiento sobre tales criaturas y con la ayuda de la gracia— podemos llegar a un entendimiento de Dios, aunque sea muy imperfecto.

No obstante, en el cielo no será así. En el cielo tendremos un conocimiento de Dios inmediato, sobrenatural y cara a cara. Y esa estupenda visión beatífica nos dará la felicidad perfecta, porque será una experiencia directa de amor, verdad, bondad, belleza, paz y hogar, todo a la vez. Al concedernos la capacidad de contemplarlo de esa manera extremadamente íntima, Dios no solo satisface nuestro deseo de felicidad; sino que lo hace de una forma superabundante.[3]

Tratemos, sin embargo, de desplegar esa noción de la visión beatífica en términos que podamos entender, especialmente en términos de lo que un alma en el infierno pierde al renunciar a ella.

A diferencia de una persona que podría poseer buenas cualidades o un lugar que podría tener cosas buenas al respecto, Dios es bueno en sí mismo. Él es la *fuente* de todas las cosas buenas.[4]

El cristianismo enseña que las cosas buenas que vemos y experimentamos en la tierra son solo reflejos de diferentes aspectos de Dios, algo así como fotografías de Dios desde diferentes ángulos. Lo mismo puede decirse de todo lo que es hermoso y verdadero en la vida. Dios es belleza. Él *es* la verdad.[5] Él es la fuente de esas cosas. Cualquier cosa hermosa o verdadera que vemos en la tierra o en otros seres humanos es realmente un reflejo de la belleza y la verdad que es parte de la mismísima identidad de Dios.

Por lo tanto, cuando vemos algo que es hermoso, tal vez un bebé o un amanecer o una noche estrellada, la razón por la que sabemos que es hermoso en primer lugar es porque el alma que nos dio Dios reconoce la belleza divina que existe en esas creaciones. Hay una sola fuente de belleza, de la cual todas las cosas que nos rodean derivan su belleza. Y esa única fuente es Dios.

La explicación teológica es que Dios es tan grande que ninguna de sus creaciones puede reflejarlo completamente, sino que cada una refleja solo una pequeña parte de él. Algunos objetos creados reflejan la belleza, otros la bondad, otros la verdad, todo en diversos grados y en diferentes combinaciones. Entonces, si alguien se aleja de un miembro de su familia por algún daño que le hizo, existe la posibilidad de que en aquella persona haya algo bueno, verdadero o hermoso a la que el que se aleja estará renunciando. De igual manera, al dejar un lugar como Nueva York, tuve que sacrificar conscientemente algunos de sus elementos buenos, verdaderos y hermosos. La diferencia está en que cuando una persona se aleja de Dios, no se está alejando de un mero reflejo o de unas cuantas cosas buenas de él, sino que se está alejando de la fuente misma de toda bondad, toda verdad y toda belleza.

Ese es un sacrificio casi imposible de comprender. La persona que rechaza a Dios rechaza todo lo que existe y que es bueno; por eso se queda con maldad nada más. Ha rechazado todo lo que existe y que es verdadero, por lo que se queda con mentiras nada más. Ha rechazado todo lo bello que existe, por lo que se queda con fealdad nada más.

¿Te imaginas cómo sería una vida así?

Y, por supuesto, Dios también es amor.[6] Cada vez que experimentamos sacrificios, intimidad o conexión entre los seres humanos en la tierra, aparte del pecado, puedes estar seguro de que estamos experimentando un reflejo de Dios; por lo tanto, si un alma se aleja de Dios permanentemente, se ha distanciado de la fuente de todo amor porque se ha alejado del amor mismo. ¿Con qué lo deja eso? Nada más que con lo contrario del amor, que es el odio.

Las almas en el infierno están llenas de odio no solo contra Dios, sino también contra los demonios, contra los ángeles, contra los bendecidos en el cielo y contra las otras almas en el infierno. No hay amistad ni camaradería entre las almas condenadas en el infierno, porque no queda rastro de amor en ninguna de ellas. El amor es lo que hace posible la amistad y la camaradería, incluso entre los grandes pecadores en la tierra. Pero en el infierno no existe tal vínculo. Solo hay un resentimiento inexpresable, rabia, bilis y amargura, todo lo cual se manifiesta en una continua maldición a Dios. Esta es una de las cosas que las Escrituras quieren decir cuando hablan del «crujir de dientes» de las almas en el infierno.

Y esto no termina ahí. Muchas otras comodidades que damos por hechas en la vida son incompatibles con la horrible decisión de rechazar a Dios. Por ejemplo, el *descanso*, la *paz* y el *hogar* son cosas que en algún grado experimentamos en la tierra, pero que tienen su verdadera fuente en Dios.[7] Cuando terminas de trabajar un viernes por la tarde, llegas a casa y disfrutas de una buena cena con tu familia y ves que tienes para ti todo el fin de semana, puedes sentir una cierta sensación de paz. Pero ese sentimiento no es solo el resultado de tener unos días libres. El fin de semana puede ser el desencadenante de algunas emociones humanas agradables. Pero la razón por la que hay una cosa llamada paz es, en primer lugar, porque existe un estado objetivo de paz que se encuentra *en Dios* y que los seres humanos pueden experimentar a *través* de sus emociones. La paz misma es una realidad objetiva que proviene de Dios.

Lo mismo sucede con el concepto de hogar. El hogar no es meramente una creación humana, un lugar donde habitar hecho de madera, ladrillo y cemento. El hogar tiene una realidad objetiva trascendente e, insisto, su verdadera fuente es Dios. El hogar en la tierra puede ser una mansión con vista al mar o un apartamento de una habitación en un barrio pobre de la ciudad. No importa cuán pequeño o modesto sea, es posible sentirse en casa allí. La razón es porque el poder y significado del hogar no deriva de ninguna localidad en la tierra, sino de su realidad objetiva en Dios y en el cielo. Ahí es donde se originan los sentimientos buenos, cálidos y reconfortantes del hogar. Por lo tanto, si una persona se aleja de Dios, pierde la capacidad de sentirse en casa o en reposo o en paz en *cualquier lugar*. Está realmente perdido en un inmenso remolino de ansiedad.

Esta es la existencia de un alma que ha rechazado libremente a Dios. Y es una existencia caracterizada sobre todo por la *pérdida*.

Cualquiera que haya experimentado una pérdida sabe cuán doloroso puede ser. Piensa en lo perturbado que puede sentirse alguien que, por su propia culpa, haya perdido una joya u otro objeto de mucho valor para él. Piensa hasta dónde una pérdida tan trivial puede perturbar su tranquilidad. Y piensa en la agonía de alguien en el infierno que ha perdido la inmensidad del Dios todopoderoso por su propia culpa.

O piensa en las veces que en tu propia vida perdiste algo en realidad importante, algo genuinamente bueno, verdadero o hermoso. Por ejemplo, ¿has perdido a un ser querido por cáncer o alguna otra enfermedad o accidente? ¿Has perdido una amistad que tuvo un significado tremendo para ti? ¿O has perdido tu casa, tu trabajo o tu salud? ¿Y todo el tiempo que has malgastado? Tal vez hubo un período particularmente feliz en tu vida que desapareció y nunca volvió. ¿Cómo se siente pensar en esas cosas?

Las almas que están en el infierno experimentan *todo el tiempo* el equivalente espiritual a esa privación. Y no importa que odien a Dios solo un poco. Todavía sienten el dolor de haberlo perdido a él y todo lo que proviene de él. En otras palabras, saben que han perdido la bondad, la verdad, la belleza, el amor, el descanso, la paz y el hogar; y saben por qué, pero aún odian a Dios. De hecho, lo odian aún más porque lo culpan por esa pérdida.

Sí, es posible sentir dolor por alguien aunque esa persona no haya sido de su agrado. Quienes tienen o han tenido una relación problemática con la madre o el padre entenderán mejor esto. Cuando uno de los dos progenitores muere, sus hijos sufren, y a veces sus sufrimientos son intensificados por un sentimiento de culpa; no obstante, siguen albergando sentimientos negativos hacia él o ella. No estoy diciendo que estén equivocados al tener esos sentimientos; lo que estoy diciendo es que es posible sentirse afectado por la pérdida de alguien que no era de su agrado.

De hecho, es posible seguir odiando incluso cuando se está en medio del dolor por una pérdida. Adolfo Hitler sintió una tremenda angustia al final de la Segunda Guerra Mundial. Reconoció que lo había perdido todo y que su amada Alemania lo había perdido todo. En sus últimas horas, vio toda la destrucción y experimentó un gran trastorno emocional. Pero ¿le hizo sentir el reconocimiento de esa pérdida una pizca de remordimiento por todo el mal que había hecho? ¿Derramó una lágrima por los millones de hombres, mujeres y niños a los que llevó a la muerte? ¿Experimentó incluso la más mínima culpa? No, no según testigos presenciales y muchos escritos que existen. De hecho, los últimos documentos que firmó, redactados unas horas antes de suicidarse para evadir la captura de los rusos, contienen las mismas críticas beligerantes contra los judíos que había estado haciendo durante décadas. Los culpó de todo hasta el final. Su odio por los judíos nunca disminuyó. Su orgullo infernal nunca menguó.

Así ocurre con las almas condenadas al infierno. Ven a Dios como su enemigo. Esa fue la decisión que tomaron en la vida, la misma que se transformó en inmutable al momento de la muerte. Son conscientes de que Dios es feliz y que hay almas con él en el cielo que son felices. Son conscientes de que fue por su propia elección que se privaron de esa alegría. Pero este conocimiento, en lugar de hacer que se sientan culpables, solo agrega combustible a su amargo resentimiento hacia Dios y su angustia por tener que sufrir las consecuencias de su elección. Básicamente, las almas que moran en el infierno lamentan que las cosas no salieran como lo planearon, pero no sienten remordimiento por haber elegido el mal sobre el bien, la obstinación sobre el arrepentimiento.

Seamos claros sobre esto. Algunos escritores espirituales usan las palabras *arrepentimiento* y *remordimiento* indistintamente, pero son dos cosas muy diferentes. Es posible arrepentirse de algo profundamente sin sentir el más mínimo remordimiento. Muchos reclusos en prisión lamentan sus crímenes porque los atraparon o actuaron con estupidez y, como resultado, tuvieron que sufrir las consecuencias. No hay duda de que se sienten mal por lo que sucedió en sus vidas. Pero la verdad es que si pudieran cometer el mismo crimen nuevamente con impunidad, lo harían muy felices. En otras palabras, se arrepienten, pero no tienen contrición. Se sienten mal por lo que han hecho, pero no por la convicción de que fue un delito contra Dios o su prójimo. La contrición siempre implica arrepentimiento: volverse a Dios con fe y confiar en su misericordia. Las almas que están en el infierno no son contritas. No se arrepienten. Experimentan un enorme arrepentimiento por su trágica situación y las circunstancias que los llevaron a ello, y aunque ese arrepentimiento es en extremo doloroso permanecen eternamente desafiantes.

Lo que empeora aún más su situación es que no tienen a quién recurrir para aliviar ese dolor. En la tierra, cuando alguien rechaza a Dios, puede buscar consuelo en otras cosas creadas. En libros, programas de televisión, películas, trabajo, sexo, viajes, comida, naturaleza, animales, otras personas. El mundo está tan lleno de cosas que reflejan la bondad de Dios que a menudo nos cautivan, consuelan y distraen. Por lo tanto, es posible en esta vida obtener placer incluso cuando uno ha rechazado la fuente de todo placer.

Es más, esto es lo que sucede a menudo cuando una persona peca. Pecar, por definición, es el acto de alejarse de Dios. Cuando alguien peca, puede sentir culpa o dolor como resultado del pecado, pero también experimentará invariablemente varios tipos de placeres mundanos, todos los cuales provienen de Dios, aunque el pecador puede no saberlo. Digamos, por ejemplo, que un hombre comete adulterio. En esencia, ha dicho que no a la ley de Dios con respecto a la santidad del matrimonio y la sexualidad humana. Se alejó de su cónyuge y cometió un pecado con otra mujer. Al fin habrá dolor y pérdida como resultado de su pecado. Si la persona no se arrepiente y cambia sus formas adúlteras, posiblemente podría perder su matrimonio, su familia, su tranquilidad e incluso parte de sus ingresos y bienes en forma de un costoso acuerdo de divorcio.

Sin embargo, a pesar de esos dolores causados por la pérdida, él también está, presumiblemente, derivando placer de las relaciones sexuales que tiene con su nueva pareja, así como el placer de su nuevo romance ilícito. Ambas cosas. La sexualidad humana y el romance son regalos de Dios. El hombre ha logrado distorsionarlos en pecados por su uso inapropiado, pero en sí son de origen divino. Como lo afirma C. S. Lewis en *Cartas del diablo a su sobrino*, todo placer es una creación de Dios. Él lo inventó. Lo correcto o incorrecto de un placer particular depende totalmente de la acción que lo provoca. Cuando los seres humanos pecan, toman placeres que son buenos en sí mismos y los usan de manera incorrecta, en el momento equivocado o en el grado incorrecto, torciéndolos esencialmente en acciones malas.

A alguien se le puede ocurrir asaltar un banco y usar el dinero para pasar unas hermosas vacaciones en Italia, las que realmente disfruta. Si el ladrón es al final arrestado, el pecado de robo puede provocarle un gran dolor en términos de pérdida de paz, autoestima, reputación e incluso libertad. Pero el maravilloso sentimiento derivado de haber estado en Italia sigue siendo real. Todavía es un placer positivo, porque Italia misma, aparte del pecado que hizo posible el viaje, sigue siendo un reflejo de la belleza de Dios y la bondad de la creación.

El punto es este: cuando pecamos en la vida, podemos soportar cualquier dolor que resulte en parte porque hay muchos placeres secundarios que acompañan al pecado. Pero si una persona muere en un estado de rebelión abierta contra Dios, y esa libre decisión se fija de manera inmutable, no habrá otros placeres en el infierno a los que recurrir. El doble acto de apartarse de Dios —la fuente de toda bondad, verdad, belleza y amor— y abandonar la tierra —que está tan llena de placeres que reflejan la bondad, la verdad, la belleza y el amor de Dios— hace que el alma se quede sin nada, excepto el dolor de la pérdida.

El alma experimenta esa pérdida en muchas formas: aislamiento, soledad, odio a sí mismo, paranoia, ira, animosidad, envidia, desesperación y pena. A veces, cuando nos rebelamos contra Dios en la tierra, podemos vislumbrar estos terribles sentimientos porque son una consecuencia natural del pecado. Pero palidecen en comparación con lo que sienten las almas incorpóreas en el infierno.

¿Cómo es eso?

Supongamos por un momento que te sientes deprimido y solo; que sabes que has fallado miserablemente en algo y, como resultado, tu autoestima está por el suelo. Ahora supongamos cómo habría sido ese sentimiento si supieras que tu vida *nunca* cambiaría. Es posible imaginarse que solo las personas que se han suicidado, realmente podrían entender el tipo de desesperación irremediable y agónica de la que estamos hablando aquí.

En la tierra, tenemos muchas válvulas de seguridad, muchas maneras de distraernos con otros placeres. Podemos aliviar el dolor con la miel de la vida. Y siempre podremos esperar que las cosas mejoren. La esperanza es el gran curalotodo de la vida. Pero el alma en el infierno no tiene miel ni válvula de seguridad. No puede obtener placer de la creación de Dios ni sustentar la más mínima esperanza para un futuro mejor. Todo lo que tiene es la compañía del diablo, los demonios, las otras almas reprobadas y el inmenso vacío del infierno.

No obstante, esto es solo el comienzo. Las almas en el infierno también experimentan dolores que difieren en grado según el mal que practicaron en la tierra. Deben soportar, entre otras cosas, el tormento de los demonios, así como otras aflicciones que se asemejan al sufrimiento humano. Ha habido una gran cantidad de especulaciones teológicas, por ejemplo, sobre la naturaleza del fuego del infierno (el fenómeno misterioso del que hablamos en el capítulo anterior) y su capacidad para afectar a los espíritus puros, restringir sus actividades y encarcelarlos de una manera sofocante. Pero esos tipos de dolores son muy oscuros. Se podrán entender mejor a la luz de lo que trataremos a continuación: la doctrina cristiana de la resurrección. Esta es la enseñanza de que todas las almas, tanto buenas como malas, algún día se reunirán con sus cuerpos y pasarán la eternidad en el cielo o el infierno como seres humanos completos.

Es esta imagen de tormento *corporal* eterno la que nos resulta más fácil de comprender y también la más horrible de contemplar.

La llegada al infierno

El juicio final

Nadie sabe cuánto tiempo tendrán que esperar las almas en el cielo y en el infierno hasta que al fin se unan con sus cuerpos el día de la resurrección. Jesús fue muy claro cuando dijo que Dios el Padre había fijado ese momento y solo él, el Padre, sabía cuándo ocurriría.[1]

Además de no saber la fecha exacta, hay otro problema involucrado en la comprensión del marco temporal de Dios: no tenemos forma de saber cómo es el tiempo en sí para las almas incorpóreas.

Según Aristóteles, el tiempo se define como la medición del cambio,[2] por lo que es muy fácil en la tierra medir el cambio que ocurre en los objetos materiales y los cuerpos vivos. Pero una vez que los seres humanos mueren y se separan de sus cuerpos, la medida de cambio se vuelve infinitamente más difícil de conceptualizar. Después de todo, ¿cómo se podría medir el cambio en un espíritu puro que vive en un ambiente esencialmente espiritual?

De algo podríamos estar seguros: las cosas cambian para las almas incorpóreas. Un alma en el cielo experimenta diferentes tipos de alegrías. Un alma en el infierno experimenta diversos tipos de dolores. Por lo tanto, para que ocurran esos cambios, *algo* tiene que estar sucediendo y, en consecuencia, en la otra vida tiene que existir alguna versión del tiempo, incluso antes de la resurrección. Es imposible para nosotros tener una idea de cuán corto o cuán largo se siente el paso del tiempo en el más allá. Esa es una de las razones por las que el apóstol Pedro escribió: «Para el Señor, un día es como mil años, y mil años como un día».[3]

Según la forma de contar el paso del tiempo en la tierra, Pedro murió hace dos mil años. ¿Crees que él habrá sido consciente de que ha pasado dos mil años en el cielo como un alma sin su carne y sin sus huesos (algunos de los cuales todavía existirían en Roma)? Del mismo modo, ¿qué podemos decir de Judas, que rechazó a Dios y, basándonos en la información de que disponemos, habrá sido consciente de que, impenitente, dos mil años atrás se ahorcó en una reacción de remordimiento desesperado? ¿Sentirá que ha pasado dos mil años en el infierno?

Es posible, pero también lo es que tanto Pedro como Judas, uno en el cielo y el otro en el infierno, sientan que ha transcurrido un tiempo mucho más corto que mil años. Incluso es posible que hayan experimentado algo muy diferente de lo que por lo general asociamos con el transcurrir del tiempo. Simplemente, no lo sabemos. Todo lo que podemos decir con certeza es que, en algún momento establecido por Dios, el mundo llegará a su fin, los muertos resucitarán, y tanto Pedro como Judas, junto con el resto de la humanidad, experimentarán lo que comúnmente se denomina el juicio final.

El juicio final es el suceso que Miguel Ángel pintó tan magníficamente en la pared detrás del altar de la Capilla Sixtina. Es una escena bastante aterradora, con la figura de Cristo en el centro superior, su poderoso brazo levantado sobre su cabeza en un gesto envolvente de justicia, los salvos ascendiendo al cielo a su derecha, y los condenados descendiendo al infierno a su izquierda. Una de las características más llamativas del fresco es lo lleno que está de gente, ángeles, demonios y santos. La pintura de Miguel Ángel es, en realidad, bastante fiel a las imágenes utilizadas en la Biblia. Porque a diferencia del juicio que ocurre inmediatamente después de la muerte, que se centra en el individuo y que es, en gran medida, un momento privado entre cada alma humana y Dios, el juicio final será *público*.[4]

Todos sabemos que cuando Cristo vino a la tierra por primera vez hace dos mil años, lo hizo muy calladamente, de hecho casi en secreto. La primera Navidad tuvo lugar en un establo insalubre, con solo María, José, algunos animales y las estrellas silenciosas como testigos. Ese no será el caso la próxima vez que Cristo venga. Según las Escrituras y las enseñanzas cristianas, al fin del mundo Cristo regresará con todo su poder y gloria para que todos lo vean. Y su misión no será como redentor, maestro o hacedor de milagros, sino como el todopoderoso Juez del universo.

¿Y no será eso apropiado? Dado que la humanidad misma será juzgada, tiene mucho sentido que quien dispense justicia sea una persona divina, alguien Dios *y* humano, alguien que vivió una vida completamente humana y experimentó todas las alegrías, dolores y problemas que nosotros experimentamos, alguien que fue como nosotros en todos los sentidos, excepto que no pecó.

La naturaleza del juicio que Cristo va a hacer cuando venga de nuevo no será diferente de la que ya tuvo lugar al ocurrir nuestra muerte. Si iremos al cielo o al infierno lo determinará el momento en que morimos y se basará en si rechazamos o no a

Dios de acuerdo con las gracias que se nos dieron en la vida. Esa decisión no va a cambiar. Se repetirá y se hará pública, pero es absolutamente irrevocable.

Tampoco habrá oportunidad para que los condenados apelen. Como vimos en el capítulo sobre el juicio particular, tanto los bendecidos como los condenados estarán *totalmente de acuerdo* con el veredicto de Cristo.[5] Los condenados al infierno *querrán* ir allí; estar lo más lejos posible de la luz y de la bondad de Dios.

Como dijo el gran predicador bautista Charles H. Spurgeon:

> En el último gran día, ninguno de los condenados podrá negar su culpa ni la justicia de la sentencia. Aunque será enviado al infierno, sentirá que es lo que se merece… Habrá un asentimiento en cada mente humana a la sentencia del Cristo de Dios; hará brillar tan horrible convicción en el alma de cada pecador que, aunque sea condenado, su propia alma dirá «Amén» a la condena.[6]

El veredicto —salvación o condenación— no cambiará en el juicio final. Lo que cambiará será que, además de repetir esta decisión públicamente, todas las preguntas que tenemos sobre la vida serán respondidas por Dios. Todos los misterios por fin se resolverán. Todos los cabos sueltos serán atados y todos los espacios en blanco finalmente se llenarán. En presencia de Cristo, que es la verdad misma, la verdad de la vida de cada persona quedará al descubierto para que todos la vean.[7]

Vamos a estar frente a Cristo, todas las multitudes juntas, todos los pueblos y todas las naciones del mundo de cada tiempo, en una escena tan dramática y abrumadora en su inmensidad que ninguna poesía, pintura, metáfora o película podría hacerle justicia. Y en un instante, vamos a saber la verdad sobre nosotros y sobre los demás. Cristo nos revelará la disposición secreta de nuestros corazones. Vamos a ver cada detalle de nuestras vidas, cada buena acción que hicimos, cada oración que dijimos y cada pecado que cometimos. También se nos mostrará a qué condujeron esas acciones. Vamos a ver sus consecuencias finales más lejanas, no solo para nosotros, sino también para todos los afectados por ellas, incluso generaciones después de nuestra muerte. ¿A quién ayudamos? ¿A quién lastimamos? ¿Qué bien logramos? ¿Qué maldad? ¿Cuántas cosas dejamos de hacer? ¿Cuánta gracia rechazamos? ¿Cuánto de nuestras vidas fue importante y valió la pena? ¿Cuánto se desperdició y no sirvió de nada? Todo lo que pensamos, deseamos, dijimos, hicimos y dejamos de hacer será el tipo de cosas que serán juzgadas.[8]

Piensa ahora en tu propia vida. Si eres como yo, probablemente hayas olvidado mucho de lo que has dicho y hecho que causó dolor a familiares, amigos, extraños y a Dios. Quizás eres muy consciente de tus defectos. O quizás no te has dado cuenta del daño que has hecho. Mucha gente parece estar viviendo envuelta en una especie de niebla que les impide ver el mal que están haciendo o promoviendo. Van por la vida usando el equivalente moral de anteojeras. Están tan envueltos en sus propios deseos egoístas y orgullos narcisistas que no se dan cuenta de cuánta carnicería emocional están dejando a su paso. Dios bien puede perdonarlos por sus pecados, pero eso no significa que no se deba rendir cuentas por cada uno de ellos. En verdad es así, incluso si parte de esa contabilidad simplemente toma la forma de una divulgación pública en el juicio final.

El punto es que la misericordia de Dios hace posible el perdón y la salvación, pero siempre se debe hacer justicia.

En el fatídico día del juicio final, vamos a escuchar cada palabra bondadosa que alguna vez pronunciamos y veremos cómo consoló a los que nos rodeaban. También vamos a escuchar cada mentira, maldición y maldad que haya salido de nuestras bocas, desde que éramos niños hasta nuestro último momento en la tierra. Y se nos mostrará con brutal claridad cómo ayudaron o perjudicaron a todas las personas que conocíamos.[9]

También vamos a encontrar las respuestas a las preguntas que hemos hecho a lo largo de nuestra vida. ¿Por qué murió mi madre cuando yo era tan joven? ¿Por qué mi padre contrajo alzheimer? ¿Por qué no pude tener hijos? ¿Por qué murió mi hijo en un accidente automovilístico? ¿Por qué se abusó sexualmente de ese niño? ¿Por qué estuve tan solo y deprimido durante tantos años? ¿Por qué perdí ese trabajo cuando lo necesitaba tanto? ¿Cuál fue el significado de todo mi sufrimiento? Todas estas preguntas y más serán respondidas. Ese día, dijo el apóstol Juan, no habrá más preguntas.[10]

En esencia, el juicio final le dará a Dios la oportunidad de pronunciar la última palabra en la historia. En un momento misterioso y milagroso de intuición directa del juicio de Cristo, se nos contarán todos los detalles sobre el significado definitivo de la vida y la creación, y entenderemos las formas en que Dios en su providencia pudo llevar todo a su final concluyente. Todos saben que la historia de la humanidad en la tierra a menudo se ha registrado de manera incorrecta e incluso fraudulenta. Piensa en cómo los historiadores, académicos y miembros de los medios de comunicación hoy han distorsionado de manera intencional la historia para adaptarla a sus propios prejuicios morales y agendas políticas. Piensa en los crímenes del socialismo, el comunismo y el totalitarismo. Piensa en los crímenes de nuestra propia horrible cultura de la muerte. Piensa en cómo mucho de este mal ha sido oculto por aquellos que deberían haberlo sabido mejor. En el juicio final, todo será revelado, y la humanidad sabrá que la justicia de Dios finalmente ha triunfado en forma definitiva sobre todas las terribles injusticias cometidas por sus criaturas.

Según el famoso teólogo tomista Reginald Garrigou-Lagrange:

> Los hombres muertos viven en la memoria de los hombres en la tierra y a menudo se los juzga contrario a la verdad...
>
> El Día del Juicio mostrará cuánto valor se debe asignar a ciertas historias de filosofías... Se manifestará toda la propaganda mentirosa... Los secretos de los corazones serán revelados... La verdad conquistará todas esas mentiras. Está claro que si Dios existe, la verdad debe ser la última palabra.
>
> La verdad y la justicia deben ser vindicadas...
>
> Por último, los efectos de las acciones de los hombres se prolongan más allá de que hayan muerto.
>
> La justicia divina quiere que los buenos recuperen su reputación, a menudo atacados por los malos que triunfan. Además, el cuerpo, así como el alma, deben recibir el castigo o la recompensa que merecen.[11]

Comprende los puntos importantes que se señalan aquí. Si el Dios personal del cristianismo existe, ciertamente es un Dios de justicia.[12] Está muy claro que la vida que vivimos en la tierra no es justa. De hecho, a menudo es cruel y parcializada, no solo para aquellos que viven, sino también para la memoria de individuos, grupos y naciones que han muerto. Por lo tanto, si Dios no es mentiroso ni falso, la balanza de la justicia debe equilibrarse en algún momento. Y este acto final de la verdadera justicia, esta victoria final del bien sobre el mal, es lo que tendrá lugar al fin del tiempo terrenal.

El último punto que señala Garrigou-Lagrange sobre la necesidad de que el cuerpo y el alma reciban justicia es especialmente clave para nuestra reflexión sobre el infierno. Porque el cristianismo enseña que justo antes del juicio final, todos los seres humanos de todos los lugares y tiempos, tanto justos como injustos, experimentarán la maravilla de la resurrección. En otras palabras, resucitarán de entre los muertos o, si están vivos en ese momento, sus cuerpos cambiarán de alguna manera misteriosa. La Biblia se refiere a esta doctrina fundamental de la fe muchas veces:

«Vendrá toda carne a adorar delante de mí, dijo Jehová».[13]

«No se asombren de esto, porque viene la hora en que todos los que están en los sepulcros oirán su voz, y saldrán de allí. Los que han hecho el bien resucitarán para tener vida, pero los que han practicado el mal resucitarán para ser juzgados».[14]

"Pero que los muertos resucitan lo dio a entender Moisés mismo en el pasaje sobre la zarza, pues llama al Señor "el Dios de Abraham, de Isaac y de Jacob". Él no es Dios de muertos, sino de vivos; en efecto, para él todos ellos viven».[15]

«Cuando el Hijo del hombre venga en su gloria, con todos sus ángeles... Todas las naciones se reunirán delante de él, y él separará a unos de otros, como separa el pastor las ovejas de las cabras. Pondrá las ovejas a su derecha, y las cabras a su izquierda... Aquellos irán al castigo eterno, y los justos a la vida eterna».[16]

«Fíjense bien en el misterio que les voy a revelar: No todos moriremos, pero todos seremos transformados, en un instante, en un abrir y cerrar de ojos, al toque final de la trompeta. Pues sonará la trompeta y los muertos resucitarán con un cuerpo incorruptible, y nosotros seremos transformados».[17]

«Porque es necesario que todos comparezcamos ante el tribunal de Cristo, para que cada uno reciba lo que le corresponda, según lo bueno o malo que haya hecho mientras vivió en el cuerpo».[18]

«Vi también a los muertos, grandes y pequeños, de pie delante del trono. Se abrieron unos libros, y... los muertos fueron juzgados según lo que habían hecho, conforme a lo que estaba escrito en los libros».[19]

Uno de los puntos principales que se comunican en estos versículos es que, cuando ocurra el juicio final, aquellos que estén delante de Cristo tendrán *cuerpos físicos*. Muchos tienen una idea exageradamente espiritualizada de la vida futura. Cuando imaginan el cielo, no piensan más que en el alma. Olvidan que el cuerpo también es una magnífica creación de Dios y que también está destinado a la inmortalidad. Al fin del mundo, no solo seremos espíritus puros en el cielo, sino que, volveremos a ser seres humanos completos, con cuerpos y almas unidos como se nos proyectó desde la eternidad misma.

Recuerda: el alma está incompleta sin el cuerpo, y el cuerpo está incompleto sin el alma. Los seres humanos fueron creados por Dios para ser una unidad. Por lo tanto, si vamos al cielo, no vamos a convertirnos en ángeles, y si vamos al infierno, no nos convertiremos en demonios. En el día del juicio final, nuestros cuerpos y nuestras almas se reunirán nuevamente de manera similar a como el cuerpo y el alma de Cristo se reunieron el día de su resurrección, el primer domingo de Pascua.

Recordemos que Cristo sufrió una muerte brutal en una cruz. Padeció un sufrimiento horrible y experimentó la muerte corporal de la misma manera que tú y yo lo haremos. Pero cuando resucitó de la muerte, no fue solo su espíritu el que volvió a la vida, sino que fue la persona completa. Cuando se apareció a sus discípulos, los mismos pulmones que jadeaban por aire en la cruz estaban respirando de nuevo. La misma boca que había pronunciado sus últimas palabras agonizantes estaba hablando de nuevo. Los mismos músculos que estuvieron atormentados por el dolor mientras colgaba de las vigas de madera latían con sangre y se movían de nuevo. El mismo corazón que se había detenido a las tres de la tarde el Viernes Santo estaba latiendo de nuevo.

Y sigue latiendo hoy en el cielo.

Eso es lo que nos va a pasar. El día de la resurrección, *nos reuniremos* con nuestros cuerpos. Por supuesto, esos cuerpos no serán exactamente los mismos que tenemos ahora. Si vamos al cielo, no van a ser cuerpos envejecidos, ni enfermos, ni quebrantados, ni débiles. Serán cuerpos cambiados, perfeccionados y espiritualizados. Más exactamente, van a ser lo que los teólogos llaman *glorificados*. Eso significa que tendrán ciertos tipos de poderes extraordinarios como resultado directo de unirse con el alma. Nadie sabe con certeza cuáles serán esos poderes. Pero tenemos una idea basada en cómo era el cuerpo resucitado de Cristo. Como dijo el apóstol Pablo, Cristo representa las primicias de cómo seremos en el cielo.[20]

Sabemos, por ejemplo, que el cuerpo humano resucitado estará tan completamente *sincronizado* con el alma que le será posible obedecer cualquier cosa que el alma ordene. Ahora mismo, ocurre lo contrario: «El espíritu está dispuesto, pero el cuerpo es débil».[21] Si queremos hacer algo significativo en la vida, se requiere una gran fuerza de voluntad para superar todos los obstáculos que se interponen en nuestro camino y toda la inercia natural que viene por ser humanos caídos. Pero en el cielo, el cuerpo en realidad escuchará la voluntad del alma sin ningún tipo de interferencia, y tendrá el poder sobrenatural para hacer prácticamente cualquier cosa que el alma quiera hacer. El cuerpo resucitado podrá viajar a cualquier lugar, en cualquier momento, de forma instantánea. El cuerpo resucitado tendrá la capacidad de vivir para siempre sin envejecer, cansarse ni aburrirse. El cuerpo resucitado tendrá la capacidad de experimentar alegría y éxtasis con una intensidad que nos mataría si la experimentáramos hoy. Lo más importante, el cuerpo resucitado podrá ver a Dios cara a cara, como lo mencionamos en el capítulo anterior.

Sin duda, la resurrección es una de las creencias más reconfortantes del cristianismo. Saber que finalmente vas a tener un cuerpo significa que cuando te encuentres en el cielo con tus amigos y familiares fallecidos, podrás verlos *en la carne*. Significa que cuando vuelvas a ver a tu madre, ella no será una especie de fantasma. Realmente será ella. Podrás abrazarla y besarla, sentir el calor de su piel y escuchar su voz de nuevo. Esa es una de las grandes bendiciones que Dios nos ha otorgado como seres humanos, que no les dio a los ángeles. Nuestros cuerpos en el cielo *se sumarán* a nuestra felicidad eterna porque nos permitirán deleitarnos tanto en las realidades físicas como en las espirituales. Esa alegría combinada es lo que los seres humanos resucitados están destinados a experimentar en el cielo.

Sin embargo, para las almas que están en el infierno, por desgracia, la resurrección significa algo muy diferente. Ellos también tendrán sus cuerpos nuevamente. Y también serán inmortales e incorruptibles. Pero esos cuerpos no serán glorificados, sino todo lo contrario. Si las personas que van al cielo se vuelven más de lo que deberían ser, si actualizan todo el potencial que Dios imaginó cuando los creó y se les da un poder aún mayor, entonces aquellos que van al infierno se volverán aún *menos* de sí mismos. Al apartarse de Dios, se habrán desconectado completamente de su gracia y, por lo tanto, incluso el bien que alguna vez poseyeron deberá marchitarse y desaparecer. C. S. Lewis dijo que lo que se arroja al infierno no es en realidad una persona, sino los «restos» de ella. Es lo que queda después de que la elección rebelde final se haya establecido en forma inmutable y todo lo bueno se haya agotado. Jesús pareció afirmar esto cuando dijo: «Al que tiene, se le dará más, y tendrá en abundancia. Al que no tiene, hasta lo poco que tiene se le quitará».[22]

Es difícil imaginar cómo serán esos restos humanos. Sabemos que poseerán la misma identidad que tenían en la tierra y probablemente los mismos recuerdos. Pero ¿cómo serán esas criaturas lamentables? ¿Qué tipo de dolor sentirán? ¿Qué tipo de pensamientos van a tener? ¿Qué tipo de cosas harán? ¿Qué verán cuando miren a su alrededor en las oscuras cavernas del infierno? Esos son los tipos de preguntas que exploraremos en los próximos capítulos.

Una monstruosa transformación

El cuerpo humano en el infierno

H emos estado siguiendo, paso a paso, el trágico progreso de una persona que se va al infierno.

Nos hemos referido a la posibilidad real de que alguien, obstinadamente y sin dar lugar al arrepentimiento, elija el mal y persista en permanecer en él incluso hasta la muerte. También nos hemos detenido a analizar lo que sucede en el momento de la muerte, cuando el alma se separa del cuerpo y cómo la libre decisión de rechazar a Dios y abrazar el mal termina fijándose inmutable e irrevocablemente. Hemos hablado del dolor que experimenta el alma incorpórea mientras espera la resurrección, cuando se une una vez más con su cuerpo y ve todas las malas decisiones que tomó en su vida terrenal y todas las consecuencias de ese mal.

Sin embargo, ahora, cuando el alma y el cuerpo se han reunido en el infierno, en una forma inmortal e inmodificable,[1] para nunca más separarse, es el momento de detenernos en lo que le sucede después a este ser humano tan desdichado.

El cristianismo enseña que hay varios tipos de sufrimiento infernal. Lo primero que ya hemos mencionado y a lo que seguiremos haciendo referencia a lo largo de este libro es el dolor por la pérdida de Dios y todas las cosas en la creación que reflejan la bondad del Creador. Esta es, por mucho, la forma más terrible de sufrimiento, pero muchas veces nos resulta difícil comprenderlo porque estamos tan atados a los placeres terrenales que la idea de perder a Dios puede parecer demasiado abstracta. Sin embargo, hay otros dolores en el infierno que son más concretos y más fáciles de entender. A continuación tenemos un breve resumen de ellos.

1. La persona en el infierno experimenta dolores interiores que provienen de su propio cuerpo reprobado.
2. Hay dolores exteriores que provienen de vivir en el ambiente tóxico del infierno.
3. Existen los tormentos muy reales de los demonios, los ángeles caídos de los que hablamos anteriormente.
4. Hay dolores asociados con la vida de los otros residentes odiosos y horribles del infierno.
5. Hay dolores que resultan de los otros llamados castigos del infierno.

Nos detendremos en cada una de estas aflicciones, pero por ahora necesitamos centrarnos en la primera: el dolor que proviene de tener un cuerpo infernal.

Cristo usó una imagen horrible para describir a las personas que sufren en el infierno cuando dijo: «Su gusano no muere».[2]

Estaba citando al profeta Isaías: «Entonces saldrán y contemplarán los cadáveres de los que se rebelaron contra mí. Porque no morirá el gusano que los devora, ni se apagará el fuego que los consume; ¡repulsivos serán a toda la humanidad!».[3]

Ahora bien, eso no significa, necesariamente que haya gusanos carnívoros reales en el infierno. El pasaje puede referirse a cualquier tipo de dolor eterno, incluidos el arrepentimiento emocional y el resentimiento de los condenados. Pero también puede representar dolor físico real. Los tormentos corporales internos que los humanos experimentan en el infierno podrían ser muy similares a los que generan los gusanos que se unen a un cadáver huésped en la tierra.

¿Cómo puede ser posible algo tan desagradable?

La mejor manera de entender el concepto de sufrimiento corporal en el infierno es pensar en lo que nos sucede ahora, en esta vida, cuando nuestros cuerpos son afectados por el dolor. Todo el mundo sabe lo que es estar enfermo o herido y cómo eso puede hacer la vida insoportable. No importa si se trata de algo grave como cáncer o una enfermedad cardíaca, o si se está luchando con los efectos secundarios de los tratamientos médicos, como la quimioterapia o la radioterapia, si se experimenta una enfermedad menos amenazante como cálculos biliares, cálculos renales, un dolor de muelas, un virus estomacal o ciática. La conclusión es que *cualquier cosa* que cause dolor físico tiene la capacidad de arruinar casi *todo* en tu vida.

Podrías estar navegando por el Mediterráneo en un yate a todo lujo, pero si te asalta una gripe no podrías disfrutar del paisaje del agua, de la comida más exquisita ni del vino más caro. O podrías estar en casa un fin de semana, listo para sentarte a mirar la televisión o leer un buen libro, pero si tienes fuertes calambres menstruales y sientes como si alguien con una bota con punta de acero te estuviese pateando en la parte baja de la espalda o el estómago, no vas a poder relajarte, no importa lo que hagas. O podrías estar celebrando la Navidad con tu amada esposa y el resto de la familia, pero si te sobreviene un dolor punzante en un costado y sospechas que podría tratarse de un tumor, no vas a obtener ni un ápice de la alegría que esa celebración ofrece.

Los ejemplos que hemos usado son suposiciones, es cierto; sin embargo, cuando se pierde la salud prácticamente se ha perdido todo. Somos conscientes de lo valiosa que es la salud y todo cuanto damos por hecho en la vida. Las cosas más simples, como sentarse, acostarse, caminar, respirar, dormir o simplemente pasar el día, pueden convertirse en experiencias de pesadilla llenas de estrés, angustia e incluso agonía. Si bien es cierto que hay muchas cosas *fuera* de uno que pueden causar dolor, como ser atacado por otra persona o tener un accidente automovilístico o golpearse el pulgar con un martillo, no hay duda de que llevamos *dentro* de nosotros la mayor fuente de sufrimiento potencial.

También es obvio que si abusas del cuerpo, terminarás por deteriorarte y te llenarás de dolor. Si una persona se alimenta todo el tiempo de «comida chatarra» y nunca hace ejercicio, se volverá obeso, comenzará a sufrir dolores en la espalda, en las articulaciones, y terminará con problemas cardíacos. Si alguien bebe demasiado alcohol, terminará destruyendo su hígado. Si se hace adicto a las drogas, va a tener una gran cantidad de problemas neurológicos y es probable que el cuerpo se vuelva una gran llaga. Todo esto es cosa de sentido común. El que abusa de su cuerpo terminará siendo abusado por él. Lo someterá a una enorme cantidad de dolor y ni siquiera tendrá que salir de casa para experimentarlo. El dolor vendrá desde adentro.

Y aquí es donde entra la conexión con el infierno. Lo que la gente no entiende es que cuando alguien se rebela contra Dios y cae en el mal, toda la persona sufre, no solo el alma. De hecho, cuando alguien peca y no se arrepiente, está dañando su cuerpo tanto como su espíritu. Pecar siempre da como resultado la desintegración y el desorden de todo el ser humano. Es solo que el precio pagado por el cuerpo no se ve de inmediato.

Este es un concepto difícil de entender, pero no obstante es un hecho teológico. No importa qué tipo de ejercicios haga la persona; ni qué clase de salud tenga. Puede ir al gimnasio cinco veces a la semana, levantar pesas, correr en la cinta, tomar vitaminas y hacer pilates. Puede verse bien y sentirse mejor; su médico incluso puede decirle que va a vivir hasta los cien años. Pero eso es solo una parte de la historia. Hay algo invisible que el médico no ve: la conexión entre el cuerpo y el alma. Si se practica el mal de forma periódica, el cuerpo sufrirá un gran daño invisible.

Eso no significa que robar un banco o cometer adulterio va a hacer que crezca un tumor (aunque el estrés de ese tipo de comportamiento podría causar problemas de salud). Tampoco significa que si se padece de algún tipo de enfermedad, la razón sea que la persona o uno de sus antepasados pecaron gravemente.[4] Pero lo que sí significa es que el cuerpo, el templo del Espíritu Santo, de alguna manera va a ser afectado físicamente por su rechazo impenitente al Espíritu Santo.[5] Veámoslo de esta forma: ¿qué sucede cuando una casa queda vacía por un largo período de tiempo? La maleza crece dentro de ella, la pintura se descascara, las ventanas se desvencijan, la madera se pudre y todo comienza a desmoronarse. Lo mismo le sucede al cuerpo humano cuando Dios deja de vivir allí. El mal comienza a echar raíces y a extenderse por todas las venas y capilares. Solo que no siempre se ve el deterioro físico en esta vida.

Sin embargo, se verá en la próxima.

He usado este ejemplo antes, pero vale la pena repetirlo. En la novela de Oscar Wilde, *El retrato de Dorian Grey*, el personaje principal es un joven corrupto pero guapo que vende su alma al diablo para mantener su belleza juvenil. El acuerdo al que se llega es que, en lugar de ser él quien envejezca, lo haga un retrato suyo. Y eso es exactamente lo que sucede. El joven vive una vida de desenfreno egoísta y hedonista, cometiendo todo pecado imaginable. Y aunque pasan muchos años, su rostro y su cuerpo permanecen sin cambios. El retrato, sin embargo, comienza a envejecer. No solo eso, comienza a sufrir desfiguración con cada pecado que comete el joven. En poco tiempo, el rostro de la pintura se pone horrible, con llagas y verrugas abiertas, lesiones llenas de pus y piel manchada y escamosa. El retrato comienza a parecerse a un monstruo, que es, por supuesto, exactamente en lo que se ha convertido el joven. Cada retrato intenta captar el alma de su sujeto, pero el de este libro en realidad tiene éxito. De hecho, la apariencia del alma del hombre en la imagen es tan repugnante que el hombre debe cubrirla con una manta y ocultarla de la vista. Finalmente, se siente tan repelido por eso que intenta destruirla. Al hacerlo, se suicida, y en el momento mismo de la muerte, su cuerpo se transforma en su verdadera apariencia grotesca, mientras que la pintura vuelve a su forma original y prístina.

El punto de la historia es que no importa cuán maravillosos nos veamos por fuera, nuestras malas acciones nos hacen algo por dentro. Nos hacen tener una fealdad interior que ninguna cantidad de cirugía plástica puede alterar. La historia también transmite con mucha precisión lo que nos sucede tanto física como metafísicamente cuando llevamos vidas de pecado. Es posible que no podamos ver ningún efecto corporal en este momento. Pero después de la resurrección, las almas en el infierno están condenadas a elevarse a la vida eterna en sus *verdaderas* formas, en esos mismos cuerpos decrépitos, grotescos y repulsivos que crearon en la vida. Solo entonces esos cuerpos serán visibles para que todos los vean.

¿Cómo sabemos? La respuesta se remonta a esa enseñanza fundamental del cristianismo que vimos en el capítulo anterior:

el ser humano no es solo un cuerpo *con* un alma o un alma *con* un cuerpo. Es un verdadero híbrido. Es una criatura, cuerpo y alma unidos y destinados a ser una sola entidad, para siempre en el cielo o en el infierno.[6] Lo que afecta al alma afecta al cuerpo y viceversa.

Si se mata el cuerpo, el alma debe irse (al menos temporalmente), y si se corrompe el alma, el cuerpo se corrompe y contamina de una manera invisible, para ser revelado en el fin del mundo, en la resurrección.

Tratemos de entender esto en verdad. El cristianismo enseña que, en el cielo, la persona se convierte en la mejor versión de sí misma. En el cielo desarrolla todo su potencial, convirtiéndose en quien realmente estaba destinada a ser. Su cuerpo glorificado, en perfecta comunión con Dios —que es vida, belleza y orden— se transforma de tal manera que se llena de vida, belleza y orden, mucho más de lo que era posible en la tierra.[7]

En el infierno ocurre lo mismo, pero a la inversa. Al rechazar a Dios, tanto el cuerpo como el alma se convierten en la esencia misma de la fealdad y el desorden. Sí, a la persona reprobada todavía le queda algo de vida, porque Dios creó a los humanos para que sean inmortales. Pero no es una vida vibrante, saludable y poderosa. Más bien parece más muerte en vida, y se caracteriza por la decrepitud y la debilidad. Todo lo que esa persona hizo en la tierra para degradarse a sí misma ahora se manifiesta en forma visible. Cualesquiera que sean los pecados que cometió, ya no están ocultos detrás de un exterior bonito, perfecto y poco profundo.

Recuerda, es posible engañar a las personas en esta vida. Lo bueno y lo malo están tan mezclados que una persona puede verse encantadora en la superficie, pero debajo estar moralmente desfigurada. En otras palabras, las apariencias terrenales pueden ser engañosas y no necesariamente pueden coincidir con la identidad real de la persona. Jesús condenó a los fariseos por ese mismo pecado cuando les dijo: «¡Ay de ustedes, maestros de la ley y fariseos, hipócritas!, que son como sepulcros blanqueados. Por fuera lucen hermosos, pero por dentro están llenos de huesos de muertos y de podredumbre».[8]

No obstante, cuando una persona se va al infierno, no hay más mezcla de bien y mal. No hay atractivo terrenal para esconderse detrás. Los condenados no son más que tumbas blanqueadas. Su fealdad interna no puede enmascararse por ningún tipo de belleza externa, porque *en el infierno no hay belleza*. Al elegir el infierno, la persona ha rechazado la belleza y no le queda más que su propia forma verdadera, horrible y enfermiza.

El tema de la belleza es complicado, y lo veremos más a fondo en el próximo capítulo, pero en la filosofía cristiana clásica, la belleza tiene que ver con diversos grados de perfección tanto en los atributos como en el funcionamiento de cualquier cosa creada. Dado que los seres humanos en el infierno han optado por alejarse lo más posible de Dios, y dado que Dios es la fuente de toda belleza, se deduce que poseerán la cantidad *mínima absoluta* de esa cualidad.

Aunque la Biblia no dice específicamente que hay diferentes tipos de fealdad y sufrimiento corporal en el infierno, sí indica fuertemente que el juicio se experimentará de manera bastante diferente para los diferentes pecadores. Por ejemplo, el apóstol Juan escribió: «Vi también a los muertos, grandes y pequeños, de pie delante del trono. Se abrieron unos libros, y luego otro, que es el libro de la vida. Los muertos fueron juzgados según lo que habían hecho, conforme a lo que estaba escrito en los libros».[9]

De hecho, la Biblia habla sobre niveles comparativos de juicio en varios lugares.

Por ejemplo, Jesús dijo: «Les aseguro que en el día del juicio el castigo para Sodoma y Gomorra será más tolerable que para ese pueblo [que se había negado a recibir a los discípulos]».[10] Y agregó: «¡Ay de ti, Corazín! ¡Ay de ti, Betsaida! Si se hubieran hecho en Tiro y en Sidón los milagros que se hicieron en medio de ustedes, ya hace tiempo que se habrían arrepentido con grandes lamentos. Pero en el juicio será más tolerable el castigo para Tiro y Sidón que para ustedes».[11] Y en el libro de Apocalipsis, un ángel advierte: «En la medida en que ella se entregó a la vanagloria y al arrogante lujo denle tormento y aflicción».[12]

Sin embargo, principalmente está el ejemplo del propio Jesús. Cuando resucitó de la muerte, su propio cuerpo glorificado tenía las marcas de sus heridas: los agujeros de los clavos en sus manos y en sus pies, y la herida en su costado por la lanza que un soldado romano le había clavado. Estas heridas quedaron allí para siempre en el acto de amor en el que Jesús murió. Y dado que él representa las primicias de cómo serán los seres humanos después de sus resurrecciones, tiene sentido que en los cuerpos de los condenados también queden para siempre los actos de odio en los que murieron.[13]

Esto no significa que todos en el cielo y el infierno tendrán las cicatrices de sus heridas terrenales pasadas. No las tendrán. De hecho, sus cuerpos probablemente serán restaurados para que funcionen, y en el caso de los bendecidos en el cielo, serán perfeccionados más allá de nuestros sueños más fantásticos. Aquí estoy hablando de algo mucho más profundo. Cuando veamos a Cristo en el cielo, tendrá sus benditas heridas porque son parte de la esencia de lo que es y de lo que sacrificó amorosamente por nosotros en la tierra. Los cuerpos de aquellos en el infierno estarán del mismo modo marcados eternamente por la esencia repugnante de lo que son y lo que hicieron en rebelión contra Dios en la tierra.

Por lo tanto, si una persona es glotona, en la tierra podrá disimular su apariencia con un metabolismo eficiente, ejercicio regular o ropa bien adaptada a su cuerpo. Pero si rechaza a Dios y se va al infierno, ya no podrá disimular su glotonería; en lugar de eso, tendrá un cuerpo repugnante, obeso y que reflejará claramente su pecado de glotonería, junto con cualquier otro trastorno, dolor y olor a putrefacción que acompañe a tal estado.

En otras palabras, hay muchas razones para creer que el cuerpo en el infierno *reflejará el alma* de una manera sorprendentemente apropiada.

Tomemos el pecado de la ira. En la tierra, a veces, una persona que es iracunda puede poner una cara falsa y alegre, y actuar con cortesía con sus compañeros de trabajo, para luego llegar a casa golpeando a su esposa. En el infierno, la orgullosa hostilidad en su alma ya no estará oculta. Como reprobado, su rostro podrá estar para siempre expresando rabia; y su cuerpo, tenso como las cuerdas de un piano; su sangre palpitando con una presión tan alta que sentirá que su cabeza está por explotar. Eso es lo que la ira provoca por dentro. Y en el infierno el cuerpo la mostrará exteriormente.

Del mismo modo para los otros pecados capitales. En la tierra, una persona que es perezosa puede tratar de ocultarlo. Pero el cuerpo resucitado en el infierno manifestará esa pereza en toda su horrible perfección. Por supuesto, nadie puede decir con certeza cómo. ¿Se parecerá el cuerpo de la persona a un caracol o una babosa? ¿Mostrará la cara una expresión de aburrimiento, letargo o fatiga? ¿Se manifestará de alguna manera el dolor acumulado a lo largo de toda una vida de postergar los deberes necesarios en una carne adolorida y deforme? Quién sabe.

De hecho, si tienes una imaginación lo suficientemente buena, puedes imaginarte todos los pecados del alma mostrados como estados corporales externos.

Esas imágenes fantásticas pueden no ser exactamente precisas, pero al menos nos dan una idea de los tipos de cuerpos humanos que podrían existir en el infierno. Dante, en su *Infierno*, describió magistralmente muchas posibilidades aterradoras. Según su forma poética de pensar, si la envidia es el pecado que caracteriza tu existencia terrenal, y permaneces obstinado en él hasta la muerte, entonces quizás en el infierno tus ojos se agrandarán de forma antinatural, sin parpadear, abiertos de par en par para siempre, siempre mirando a todo y a todos con codicia. Si las mentiras maliciosas y los chismes caracterizan tu existencia terrenal impenitente, tal vez la toxicidad de tu aliento hará que te ahogues y tosas perpetuamente.

Por supuesto, esto es solo especulación, pero no es una especulación ociosa e insensata. En todo caso, la desfiguración de los cuerpos infernales será *más* horrible de lo que hemos descrito aquí. Eso se debe a que tal conjetura se basa en una verdad teológica sólida. Cristo juzgará el alma y el cuerpo *como una sola creación*.[14] Y la apariencia externa del cuerpo reprobado resucitado, así como el dolor que sufre internamente, surgirán de la naturaleza misma de los pecados que cometió en la tierra. Desorden y perversión en el alma igualan a desorden y perversión en el cuerpo. El infierno estará literalmente lleno de diferentes tipos de seres humanos monstruosos, tantos como hay diferentes tipos de maldad existentes hoy en la tierra.

Y como dijimos anteriormente, los dolores que resultan de este trastorno también diferirán en grado. Así como una persona que abusa de su cuerpo solo levemente en la tierra no experimenta tanto dolor corporal como alguien que abusa de su cuerpo de manera significativa, del mismo modo, en el infierno, los dolores diferirán en intensidad de acuerdo con el mal del individuo. Cuanto más extremo es el desprecio hacia Dios en la tierra, más vívida la experiencia de aislamiento, resentimiento y separación de la bondad de Dios en el infierno, y mayor grado de tormento en el cuerpo.

Por ejemplo, una persona en el infierno cuyo rechazo terrenal a Dios la hizo iniciar un holocausto o un genocidio va a tener un cuerpo que corresponda a esos actos abominables y, en consecuencia, será mucho más horrible y atormentado que el de otros, comparativamente menos malos. La regla simple es esta: cuanto más lejos de Dios esté una persona en esta vida, más lejos estará de la belleza, el orden, la salud, la felicidad y la vitalidad en la próxima.

Algunos cristianos no estarán de acuerdo con esto porque piensan que en el día de la resurrección, los condenados recuperarán cuerpos tan buenos como nuevos. Su creencia se basa en la idea de que el cuerpo humano, una vez libre de la naturaleza caída del mundo, volverá a su forma perfecta. Admiten que los cuerpos de los reprobados en el infierno podrán sufrir, por supuesto, pero no creen que esos cuerpos estén deformados o decrépitos.

Son sinceros en creer eso, pero, en opinión de este autor, están sinceramente equivocados. Sí, los seres humanos en el infierno tendrán cuerpos que funcionan. Sí, sus fisiologías serán sanas. Sí, serán inmortales e inmodificables. Sí, si tenían extremidades que faltaban o estaban rotas o heridas en la tierra, esas extremidades probablemente les serán restauradas. Pero es imposible para los condenados en el infierno retener o recuperar algo parecido a la belleza corporal.

Reconozcámoslo: lo más hermoso de toda la creación es el cuerpo humano. Como dijo Shakespeare en *Hamlet*: «¡Qué obra de arte es el hombre!... En forma y movimientos ¡cuán expresivo y admirable! En acción, ¡cómo un ángel, en percepción, como un dios! La belleza del mundo. La perfección de los animales».

¿Alguien puede realmente pensar que este tipo de belleza existirá en el infierno, donde Dios, la fuente y la cima de la belleza, estará en su totalidad ausente? ¿Alguien puede en realidad pensar que el infierno estará lleno de mujeres tan hermosas como

Venus y hombres que se parezcan a Adonis? Por supuesto, pensarlo es absurdo. En el infierno, los reprobados estarán privados de toda belleza como consecuencia natural de su alejamiento de Dios y como efecto natural de entregarse a una vida tan repulsiva para Dios.

Por estas razones y más, debería ser evidente que en el infierno, después de la pérdida de Dios, el cuerpo mismo puede ser una fuente primaria de dolor. Lamentablemente, sin embargo, no será la única fuente. Cuando la criatura atormentada que hemos estado examinando levante la cabeza y mire a su alrededor, una gran cantidad de imágenes desgarradoras afectarán su visión.

¿Qué verá exactamente y cómo le afectará? Es hora de hablar sobre el ambiente en el infierno.

Nueve

Explora el terreno

¿Cómo es, realmente, el infierno?

Ahora que hemos encontrado el camino hacia este lugar infernal donde los condenados se han reunido con sus cuerpos, vamos a comenzar a explorar el terreno. Eso implicará necesariamente ciertos tipos de especulación y la única forma en que podemos especular de manera inteligente es si antes repasamos un poco de filosofía.

Siempre que tratamos acerca del infierno, la tendencia es hablar en absolutos. Decimos, por ejemplo, que el infierno es «todo malo», o que el infierno es «nada más que dolor y sufrimiento», o que el infierno es «completamente horrible en apariencia».

Está muy bien usar ese tipo de imágenes extremas porque, en general, es cierto. Pero no es *totalmente* cierto. Si no hubiera algo bueno en el infierno, entonces, estrictamente hablando, no existiría. Este es un punto filosófico importante. Que algo exista significa que posee una cierta cantidad de bondad. No estamos hablando de la bondad moral —el bien contra el mal—, sino más bien de la bondad metafísica: existencia versus no existencia. En otras palabras, si alguien está vivo, eso, en sí mismo, es una bendición. Eso, en sí mismo, es algo positivo. Por eso la Biblia dice: «Y vio Dios todo lo que había hecho, y he aquí que era bueno en gran manera».[1]

Ahora bien. En una escala de bondad metafísica, entre los dos extremos —Dios, por un lado, que es existencia pura, y una inexistencia total por el otro—, no hay fin para el número de posibles grados y variaciones que podemos tener. Es porque los que están en el infierno tienen un poco de bondad metafísica que pueden ver y hacer ciertas cosas y funcionar de alguna manera. En otras palabras, porque tienen vida, pueden vivir. A pesar de su miseria, pueden operar en su entorno. Son capaces de comunicarse. Son capaces de percibir cosas, saber cosas y tomar decisiones sobre las cosas. Todas estas habilidades son parte del bien de estar vivo. La calidad de vida dentro del infierno puede ser horrible, en relación con la vida de los bendecidos en el cielo o incluso para las personas que viven ahora en la tierra, pero aun eso conlleva un mínimo de bondad.

Vamos a ilustrar esta idea con un ejemplo muy poco filosófico. Había un programa de televisión llamado *Fuga de la prisión*. Los detalles de la trama no son importantes. Lo fundamental para entender la historia es que el telón de fondo de la prisión retratada en la serie era extremadamente sombrío. Los internos eran hombres malos que habían hecho cosas maléficas y ahora vivían una existencia miserable tras las rejas. Los guardias de la prisión también eran corruptos, y a menudo abusaban de los reclusos de manera cruel y sádica. A veces los reclusos trabajaban juntos porque tenían un objetivo común, pero siempre era por motivos egoístas y a través del subterfugio, la mentira y más actividad criminal. La prisión en sí era gris, sucia y fea, pero no de manera uniforme. Algunas partes eran más tristes que otras. Por ejemplo, estar en el patio de la prisión no era tan malo como estar en el bloque de celdas principal, lo que tampoco era tan malo como estar en confinamiento solitario. El grado de dolor y sufrimiento experimentado por los internos era también diferente. Por lo tanto, si bien se podría decir que la vida en la prisión era infeliz, los reclusos todavía tenían vida, y así podían experimentar en diferentes grados la calidad de esa vida.

Y aquí está la conexión con la prisión eterna del infierno. A los reclusos del infierno también les queda algo de vida, y también experimentan diferentes niveles en la calidad de esa vida. Si bien su existencia es completamente miserable, lo es de diversas maneras y en diferentes grados. En cierto modo, incluso puede ser soportable, al menos en comparación con el único tipo de vida *insoportable* para los condenados: la vida con Dios.

Con esa comprensión en mente, podemos volver a hacer la pregunta con la que comenzamos este capítulo: ¿qué ven exactamente los condenados cuando observan su entorno? ¿Cómo es el infierno?

Recuerda que dijimos que los seres humanos en el infierno tienen cuerpos de algún tipo: desordenados, enfermos, deformados de maneras que reflejan misteriosamente la naturaleza de sus indulgencias pecaminosas en la tierra. Recuerda también que dijimos que cuando tratamos de tener una idea clara de la horrible visión del infierno, no solo estamos frente a un estado mental o a un estado de ser, sino que estamos ante una realidad física. Un *lugar*.

Algunos teólogos ponen esto en entredicho, pero el cristianismo ortodoxo siempre ha enseñado que si bien el infierno puede tener muchas cualidades que se asemejan a un estado, también *debe* tener un componente físico, al menos después de la resurrección del cuerpo. ¿Por qué? Porque si se tiene un cuerpo, se deduce que ese cuerpo podrá moverse. Y si ese cuerpo puede moverse, obviamente debe haber un lugar donde pueda hacerlo y alguna dirección en la que pueda ir. Todo eso apunta a la existencia de un entorno físico. Si hay un cuerpo físico, tiene que haber un entorno físico en el que ese cuerpo pueda operar. Esto es solo cuestión de sentido común.

¿Dónde está la ubicación de ese entorno físico? Nadie puede decirlo con certeza. Algunos eruditos bíblicos creen que, debido a que hay ciertos pasajes bíblicos que describen a los condenados como cayendo en un abismo,[2] el infierno debe estar situado en lo más profundo del vientre de la tierra. Otros dicen que, debido a que el mal está tan lejos del bien, el infierno debe estar más allá de los confines del universo, alejado lo más posible de los bendecidos en el cielo. Y aun otros piensan que debido a que la vida después de la muerte tiene una cualidad tan espiritualizada, cualquiera hipótesis sobre la ubicación geográfica no tiene sentido. Nuestra conclusión es esta: ninguna tradición dentro del cristianismo realmente enseña algo definitivo sobre el tema. Todo lo que sabemos con certeza es que el infierno no es solo un estado espiritual, sino que debería tener, también, algún tipo de dimensión material.

Por supuesto, no hace falta decir que tanto este lugar físico como sus ocupantes físicos no serán de la misma forma o sustancia que vemos en la tierra. Como dice la Biblia, al final de los tiempos habrá un cielo nuevo y una tierra nueva.[3] De hecho, habrá una creación completamente nueva. Como ya hemos visto, en el cielo los seres humanos tendrán cuerpos glorificados con poderes nuevos y sorprendentes. El cielo mismo estará lleno de nuevas alegrías, nuevas actividades, nuevas relaciones y nueva vida. El infierno, por otro lado, será todo lo contrario. Contendrá los restos de la vida después de que la mayor parte del bien haya sido drenada. Como dijo Jesús: «Al que tiene, se le dará más, y tendrá en abundancia. Al que no tiene, hasta lo poco que tiene se le quitará».[4]

Sin embargo, ¿cómo podría describirse un lugar que haya perdido todo lo bueno? Sabemos que los que están en el infierno se han alejado de Dios, la fuente de toda bondad, verdad, amor, alegría, justicia y belleza. Por lo tanto, el ambiente del infierno debe consistir de alguna manera en el reverso de esas cosas: maldad, mentiras, aislamiento, dolor, injusticia y fealdad.

No obstante, es muy difícil entender estos términos de una manera práctica.

La Biblia puede ayudarnos, porque usa dos términos muy concretos para ilustrar la topografía general del infierno: oscuridad y fuego.[5] Tomemos uno a la vez.

Primero, oscuridad puede significar muchas cosas. Por ejemplo, puede ser una metáfora para la ceguera espiritual. En teología, la falta de luz siempre denota una falta de verdad. Ese es, muy posiblemente, el caso en el infierno. Pero que el infierno sea un lugar de falsedad no significa que no sea también un lugar literalmente oscuro. Según el cristianismo tradicional lo será.

El concepto de oscuridad, en realidad, encaja perfectamente con el principio teológico que acabamos de mencionar; a saber, que en el infierno no puede haber prácticamente nada bueno porque Dios, la fuente de toda bondad, está ausente. El *color* es uno de los grandes bienes de la vida, ¿verdad? Es una creación en la que Dios hizo todos los colores en existencia, en parte, para darnos alegría. Por eso el cielo se llenará de color. De hecho, no hay razón para creer que Dios no creará nuevos colores para su nueva creación. Pero si el color es un bien positivo, entonces prácticamente no puede haber color en el infierno. No puede haber rojos, amarillos, verdes, naranjas, morados, azules o rosados. Dios es la fuente de esos colores y estará ausente. Entonces, en el infierno, esos colores deben estar ausentes también, o con más exactitud, deben estar en un mínimo absoluto.

Es importante señalar aquí que el sentido en el que estamos hablando del color no es estrictamente fotográfico ni científico. Es *existencial*. Los colores son una creación de Dios y se manifiestan en la tierra por medio de un proceso de ondas de luz reflejadas a través de un espectro de luz visible. Debido a eso, los físicos nos dicen que el negro no es realmente un color, sino una falta de color, ocasionado por su incapacidad para reflejar la luz. ¿Significará eso que el infierno será negro? Tal vez. Pero lo que en verdad estamos viendo ahora es la idea de los colores detrás de la realidad física. Estamos hablando de la *sustancia* misma de los colores, separada de la creación material, la noción de los colores que Dios tenía en mente incluso antes de crear el mundo y la luz solar a través de la cual se refleja el color.

El infierno será un lugar sin el espectro visible de luz que tenemos en esta vida o la realidad existencial de los colores que existen en la mente de Dios. Esta ausencia de color, por lo tanto, podría considerarse como oscuridad o negrura o alguna combinación de blanco con negro monótono o un remanente sombrío de los colores terrenales. O podría ser algo completamente más allá de nuestra capacidad de imaginar. Puede ser el resultado de la ubicación física del infierno en algún tipo de pozo cavernoso en el centro de la tierra, o puede ser debido al hecho de que Dios, la fuente de todo color, está ausente. Solo una cosa es segura: sea lo que sea el infierno, será sombrío. Porque un mundo sin una verdadera variedad de colores reales y vívidos es realmente un mundo deprimente.

Nada de esto, por supuesto, podría implicar que las personas en el infierno no vayan a poder ver. Verán. La oscuridad del infierno no impedirá la visión. Los condenados estarán en un lugar físico y tendrán ojos que funcionarán de alguna manera. Como ya vimos, no habrá un solo momento de ceguera en el más allá. Quizás la mejor manera de imaginar el infierno sea pensar en esas imágenes espeluznantes de visión nocturna que a veces vemos en la televisión. Esos videos son oscuros y fantasmales, y aun así podemos distinguir todos los objetos y criaturas en la pantalla. Es lógico pensar que algo similar sea posible para aquellos en el infierno. Estarán inmersos en una oscuridad sombría, oscura e incolora, pero no se librarán de la visión de ver las cosas horribles que existen en esa oscuridad.

Este mismo principio puede aplicarse a los otros sentidos corporales, los cuales continuarán operando en el infierno. Por ejemplo, los condenados podrán escuchar, pero no habrá música allí. Tampoco habrá ningún silencio pacífico y encantador. Ambas son cosas buenas que provienen de Dios. Por lo tanto, no estarán presentes en el infierno de ninguna manera significativa. De hecho, C. S. Lewis llamó al infierno un reino de ruido. Dijo que el ruido es la «expresión audible de todo lo que es… despiadado».[6] En efecto, gritos, lamentos, murmullos enojados, conversaciones acusatorias, quejas interminables, gemidos, palabras viles, maldiciones, blasfemias; esos serán los principales sonidos que resonarán en los sombríos corredores del infierno.[7]

De la misma manera, nada en el infierno sabrá bien, olerá bien o se sentirá bien. El placer derivado de comer algo delicioso proviene de Dios. El placer derivado de oler flores o hierba recién cortada proviene de Dios. El placer de sentir la suavidad de la piel de una persona o la fresca humedad del agua del baño proviene de Dios. Ninguno de esos placeres puede existir en un mundo sin Dios. Si quieres formarte una idea del infierno, imagínate todas las peores experiencias sensoriales que podrían tenerse lejos de la bondad del Todopoderoso. ¿Qué visiones podrían ser las más desagradables? ¿Qué tipo de sonidos podrían ser los más desagradables? ¿Qué tipo de olores podrían ser los más desagradables? (Piensa en el hedor de los cuerpos infernales enfermos y decrépitos).[8]

Volveremos a esto más adelante, pero por ahora es suficiente decir que mientras los condenados aún pueden retener su capacidad de comer, oler y tocar en virtud de tener cuerpos, y mientras su comportamiento glotón y carnal aún puede continuar en virtud de sus distorsionadas voluntades, no podrán obtener ninguna *satisfacción* de esas indulgencias. Mirarán el paisaje con ojos que funcionen, escucharán con oídos que funcionen, comerán y beberán con bocas que funcionen, inhalarán olores con pulmones que funcionen y tocarán superficies de objetos con manos que funcionen, pero nada de eso les dará la más mínima alegría. Ni vista, ni sonido, ni olor, ni textura ni sabor tendrán en el infierno el poder de proporcionarles un verdadero placer sensual por la simple razón de que el placer no puede existir sin Dios.

¿Y qué hay del fuego del infierno que leemos tan a menudo en las Escrituras y en los escritos de los teólogos?

Muchos han afirmado que la palabra *fuego* se usa estrictamente como una metáfora en referencia al infierno, ya que es lo más doloroso que podemos imaginar en la tierra. Incluso piensan que este uso simbólico se aplica al fuego después de la resurrección, cuando sin duda habrá cuerpos físicos susceptibles de quemarse. Pero con seguridad va más allá que eso. La palabra *fuego* se usa muchas veces en la Biblia de una manera demasiado dramática e inequívoca para que simplemente se la descarte como un recurso literario.[9] Además, la enseñanza constante del cristianismo durante dos mil años ha sido que el fuego del infierno no es metafórico, sino literal. ¿Cómo puede ser eso?

Volviendo a nuestro principio conductor —que solo la mínima cantidad de bondad puede existir en el infierno—, también podemos aplicarlo a la *atmósfera* del lugar. Si la calma, la claridad, la fragancia y el aire grato que respiramos en la tierra nos hacen sentir bien, el aire y el ambiente del infierno no pueden parecerse a esto de manera alguna. Es más, el aire y el ambiente del infierno deben tener las cualidades y el efecto opuestos. Deben ser asquerosos, pútridos e incluso dolorosos. Si el fuego del que habla la Biblia va a tener un componente metafórico adicional es irrelevante. Si el aire que se respire es doloroso, será punzante.

Ni siquiera los teólogos más ortodoxos han creído que la *naturaleza* del fuego del infierno es igual a la del fuego terrenal. Por supuesto, debe ser diferente, así como todo en el próximo mundo será diferente de como son las cosas ahora. El punto clave a tener en cuenta es que no será solo un fuego puramente espiritual. El fuego del infierno no puede equipararse con el dolor espiritual de la pérdida o el dolor espiritual del arrepentimiento o el dolor espiritual de la soledad o el dolor espiritual del odio. Será algo totalmente diferente y se *agregará a estos* otros dolores espirituales. Será de carácter *corpóreo*, como la angustia que experimentan aquellos en el infierno como resultado de tener cuerpos enfermos, desordenados y deformados. Habrá algo *físicamente* agonizante en el aire que rodee a los reprobados, que de alguna manera será similar al fuego real.

¿Y eso no tiene sentido? Si se han alejado de la fuente de todo placer, experimentarán dolor tanto en el interior como en el exterior, tanto espiritual como físicamente. De hecho, literalmente estarán envueltos en dolor, así como alguien puede estar envuelto en llamas. Así es como debe entenderse el fuego del infierno.

Además, por difícil que sea comprenderlo, podría haber incluso algo beneficioso acerca del fuego del infierno.

No es en absoluto incompatible con la teología cristiana especular que el fuego del infierno tiene un efecto restrictivo sobre los humanos reprobados tanto como sobre los demonios. Así como un incendio que se desata en la casa de alguien puede limitar seriamente sus movimientos, también el fuego del infierno podría limitar los movimientos de los condenados. Tomás de Aquino creía que, de alguna manera misteriosa, el fuego del infierno tiene el poder de atar y obstaculizar a los que están en el infierno, como la parálisis o incluso la intoxicación. Esta idea encaja perfectamente con las escrituras que describen el infierno como una prisión en la que los condenados son restringidos por la fuerza.[10] No en el sentido que se les impida salir del infierno (no habrá necesidad de eso porque, como hemos dicho antes, los condenados *querrán* estar allí), sino restringidos en el sentido de que están encadenados y frustrados en sus actividades.

¿No crees que eso tenga sentido? En la tierra, una persona puede verse limitada en su capacidad para ir a lugares no solo por enfermedades físicas, sino también por condiciones climáticas severas. El calor intenso o el frío extremo pueden impedir que hagamos las cosas que queremos hacer. El fuego del infierno puede actuar de la misma manera. A primera vista, esto podría parecer otro castigo infernal y terrible. Después de todo, estar paralizado de alguna manera es desagradable. Pero también se puede ver desde otra perspectiva.

Recordemos que en el infierno los presos orgullosos y violentos se odian entre sí. Los unos quieren arremeter contra todos los otros presos orgullosos y violentos. El infierno no es un ambiente amoroso ni amigable. No es un lugar tranquilo ni pacífico. En efecto, es muy parecido a la prisión de la serie televisiva de la que hablamos, con delincuentes psicópatas, asesinos en serie, delincuentes sexuales y miembros de pandillas rivales constantemente en desacuerdo entre sí. Todos hemos escuchado historias sobre lo que esos prisioneros se hacen mutuamente cuando encuentran una manera de eludir a sus guardias. En la historia del sistema penal, innumerable cantidad de presos de cada período de tiempo y de cada país del mundo han sido golpeados, cortados, violados y asesinados por sus compañeros de prisión.

Algunos estudiosos han teorizado que el fuego del infierno, que causa un dolor corporal real e intenso, en realidad podría servir como una especie de sistema de seguridad, evitando que los reclusos se inflijan aún más dolor entre ellos. En otras palabras, si los residentes del infierno son como los viciosos perros de ataque, el fuego del infierno podría actuar como una especie de bozal al restringir su comportamiento agresivo. Por lo tanto, lo que siempre se concibió únicamente como un castigo de Dios podría ser otro ejemplo de su sabiduría.

Esto es solo especulación, por supuesto, pero es una que tiene sentido teológico. Si existe en el infierno algo como fuego —como la Biblia y la iglesia cristiana enseñan universalmente—, aquí hay una manera de entenderlo que combina perfectamente la justicia y la misericordia de Dios. Aquí hay una forma ortodoxa de verlo que no hace que Dios sea como aquellos sádicos guardias de las cárceles que de vez en cuando vemos en la televisión. El verdadero Dios del cristianismo permite a las personas ir al infierno porque *insisten* en ir, pero incluso mientras están allí, limita los tormentos que tienen que sufrir como consecuencia natural de su libre rebelión. Como escribió R. C. Sproul: «[Si] podemos consolarnos con el concepto del infierno, podemos hacerlo con la plena seguridad de que no habrá crueldad allí. Es imposible que Dios sea cruel».[11]

«¿Qué más podrían percibir estos humanos abozalados reprobados cuando miren a su alrededor, a través de la oscuridad y el fuego, y en medio de todo el ruido y los olores nocivos y la amarga desolación de su entorno? No hace falta decir que en el infierno no hay animales ni árboles ni flores ni follaje. Todas esas maravillosas creaciones de Dios tienen demasiada bondad metafísica para poder existir en el árido ambiente del infierno. Esa clase de vida abundante solo podrá existir en el cielo. ¿Entonces qué más verán allí?

Verán a sus compañeros de prisión, por supuesto, los condenados del infierno, en todas sus innumerables y monstruosas formas, tamaños y encarnaciones pecaminosas. Pero también verán algo más: verán a sus nuevos *guardianes*. Porque así como los reprobados fueron esclavos del pecado en la tierra, así también, ahora y para siempre, estarán condenados a ser esclavos en el infierno. No solo de sus propias voluntades depravadas, sino de aquellas criaturas puramente espirituales que habitaban el infierno mucho antes de su llegada, desde el momento de su caída en épocas inmemoriales del pasado. Sí, cuando los malditos en el infierno miren a su alrededor, verán a los ángeles caídos conocidos como demonios. Y entre esta congregación horrible e impía, verán al demonio más infame de todos.

Actividades en el infierno, parte I

Esclavizados por los demonios

¿Cómo son los demonios? Al describir el fin del mundo, el libro de Apocalipsis dice que cuando el quinto ángel toque su trompeta, se abrirá un gran pozo humeante y parecido a un horno conocido como el «abismo», y una horda de langostas demoníacas con el poder de picar como escorpiones se levantarán y torturarán a todos aquellos que no lleven el sello de Dios.[1]

Este es un lenguaje simbólico, por supuesto, ya que el libro de Apocalipsis está escrito en la forma de un sueño profético del apóstol Juan. Nadie realmente cree que los demonios parezcan langostas o escorpiones. En realidad, en la Biblia no hay muchas descripciones físicas del diablo ni de los demonios. Y hay buenas razones para eso. Los demonios, como ya lo hemos dicho, son *espíritus puros*. No son físicos y no poseen rostros ni cuerpos u otra característica material que nos permitan configurar sus aspectos físicos. Es cierto que en algunos momentos han tenido el poder de asumir formas visibles para el ojo humano, pero eso es en realidad solo una ilusión. En su naturaleza, son totalmente no corpóreos.

La gran literatura del mundo, por su parte, está llena de descripciones muy detalladas de esos espíritus puros. En su poema épico *El infierno*, Dante retrata al diablo como un monstruo grotesco y descomunal con tres caras, cada una masticando con lentitud a un abominable pecador. Sus gigantescas alas como las de los murciélagos soplan constantemente vientos helados a lo largo de los nueve círculos del infierno, haciendo que permanezca congelado en el fondo del infierno para siempre.

Insisto, esas descripciones tan horribles no deben entenderse literalmente, lo cual no quiere decir que no contengan verdad. La representación de los demonios en el libro de Apocalipsis como un enjambre de langostas transmite la verdad de que el número de ellos es como el de la legión, y que son repulsivos, agresivos y perjudiciales para los seres humanos. La espeluznante representación del demonio de Dante transmite la idea de un mal masivo e inamovible que se alimenta de los seres humanos, triturándolos lentamente. Su descripción de las alas físicas, que son utilizadas por el demonio, no para escapar del infierno, sino para congelarse en su lugar, ilustra un concepto que ya nos es familiar: los demonios y los humanos van al infierno por su propia, libre, fría e inmutable decisión.

Sin embargo, dejando de lado la verdad simbólica, es correcto decir que los demonios no se parecen a nada, al menos a nada con lo que podamos compararlos en la tierra. Sin embargo, hay una cosa sobre su apariencia que podemos afirmar con certeza:

si Dios es la fuente de toda belleza, y hay un mínimo absoluto de belleza en el infierno, entonces por lo menos, la *presencia* de los demonios debe ser horriblemente fea y repulsiva. De hecho, debe ser todo lo contrario de lo bello.

De alguna manera, esta *fealdad del ser* debe manifestarse de alguna manera a los humanos que viven en el infierno. No podemos decir con certeza cómo se produce esa manifestación. ¿Se relacionarán los demonios con los humanos reprobados solo a través de sus acciones abusivas? ¿Sentirán los humanos solo su presencia demoníaca? ¿Se harán notar los demonios en alguna forma discernible, como lo han hecho en el pasado?[2] Después de todo, ¿no tendría sentido que quisieran emplear el dolor visual entre todas las herramientas de que disponen?

La conclusión es que los demonios *desean* infligir dolor a los seres humanos. En cierto modo, es verdad que son *amos* y *esclavos* del infierno. Regresaremos a este punto en breve y discutiremos su sádico papel de manera más completa, pero primero hablemos sobre el concepto de esclavitud y la profunda conexión entre el cautiverio y la humanidad.

La esclavitud ha existido desde que hay registros escritos y probablemente desde mucho antes. Casi todas las culturas en este planeta la han practicado en un momento u otro. Los antiguos griegos, los romanos, los egipcios, los aztecas, los incas, los otomanos, los europeos, los africanos, los estadounidenses, los orientales y los rusos practicaron la esclavitud durante cientos de años. Más recientemente, Hitler, Stalin y los otros dictadores totalitarios del siglo veinte esclavizaron a millones de personas en campos de trabajo, de concentración y gulags. Es más, el comercio de esclavos continúa hasta nuestros días en forma de tráfico sexual y trabajo infantil forzado. Además, el principio operativo de la esclavitud está vivo y bien vivo en la institución generalizada del aborto, en la que vastas poblaciones de niños no nacidos se definen como algo desechable sin ningún tipo de derechos humanos.

El hecho innegable es que la esclavitud está en nuestro ADN. Es parte de lo que somos, o al menos en lo que nos convertimos después de la caída de Adán y Eva. Dejando a un lado la economía, la razón principal de esto es nuestro propio deseo deformado de imponernos unos sobre otros, de hacer prevalecer nuestras voluntades sobre las de los demás. Maquiavelo habló de esto en términos del miedo necesario para gobernar bien. Nietzsche lo hizo en términos de la fuerza de voluntad para ser superhombres. Los darwinistas sociales invocaron la frase «sobrevivencia del más fuerte». Pero no importa qué enfoque adoptemos —político, sociológico, filosófico o teológico—, el porqué de la esclavitud siempre se reduce a una sola palabra: *poder*.

Los seres humanos codician el poder. Lo vemos a nuestro alrededor hoy, a pesar de que generalmente no está relacionado con la esclavitud *per se*. Lo vemos en el comportamiento abusivo de algunas personas hacia sus cónyuges. Lo vemos en la tiranía de los burócratas del gobierno, en la arrogancia y la grosería de algunos funcionarios de aeropuertos, policías de tráfico y jefes de lugares de trabajo. En realidad, lo vemos en cualquiera que tenga una mentalidad insegura, hostigadora, y que logra algún grado de autoridad aunque sea en algún pequeño rincón del universo.

¿Hemos sentido nosotros este poder de codiciar? ¿Hemos sentido esa pequeña punzada de placer cuando tenemos algún tipo de autoridad sobre alguien y la ejercemos, especialmente cuando ese alguien no tiene otra alternativa y llega a desarrollar miedo hacia nosotros? A principios de 1970, Henry Kissinger dijo: «El poder es el máximo afrodisíaco». Eso no significa que, por sí mismo, el poder sea malo. El poder es bueno e incluso necesario, en especial cuando se emplea correctamente y con humildad. Pero con demasiada frecuencia, ese no es el caso. Con demasiada frecuencia, el poder se ejerce con orgullo y con un deseo egoísta de darse importancia.

La lujuria por el poder es, en realidad, lo opuesto a la virtud cristiana del amor. El amor es entregarse sacrificialmente uno mismo por el bien del otro.[3] El poder orgulloso, ese tipo de poder que se encuentra en el corazón de la esclavitud y de todas las demás formas de abuso, implica sacrificar el bien del otro para beneficio de uno mismo.

Sin embargo, la conexión entre la humanidad y la esclavitud no se debe solo al hecho de que algunos individuos quieren dominar a otros. Lo contrario también es cierto. Algunas personas tienen un deseo tácito de que se les domine. Prefieren que se les diga lo que tienen que hacer. Prefieren ser relevados de cualquier responsabilidad antes que actuar con firmeza, moralidad, honradez o valentía. A veces, esos individuos son sumisos por naturaleza y no les gusta el conflicto. Pero en otras ocasiones son demasiado cobardes como para defender lo que es correcto y luchar contra el mal. Cualquiera sea el caso, esas personas pasan por la vida como verdaderos esclavos. Son las almas desinteresadas y anémicas que Nietzsche tanto despreciaba, esas almas cuya excusa para no hacer nada es siempre que están «simplemente siguiendo órdenes». Esas son las almas que hacen posible a los Hitler y los Stalin del mundo.

No obstante, hay otro tipo de esclavitud aun, que hasta es más frecuente en la actualidad: es la esclavitud de las personas a diversos tipos de comportamiento. Piénsalo. Hay quienes son esclavos de sus trabajos, de sus horarios, de sus planes sociales, de sus teléfonos celulares, de sus dietas de moda y de sus pecados favoritos. Jesús dijo que quien peca se convierte en esclavo del pecado.[4] ¡Cuán cierto es eso! Los que mienten, a menudo se convierten en mentirosos habituales. Los que roban a menudo se convierten en ladrones habituales. Los que cometen adulterio a menudo se convierten en engañadores habituales. Cuando la inmoralidad se apodera de uno, siempre trata de esclavizarlo.

Observa todos los malos hábitos y comportamientos compulsivos que están tan desenfrenados en la sociedad actual. Algunos de ellos son pecaminosos y otros no, pero todos son adictivos de alguna manera. Hay quienes son esclavos del cigarrillo, de la marihuana, del vapeo (o humo electrónico), del alcohol, de los alimentos, de las drogas, de la pornografía, de la promiscuidad, de la pereza y de los símbolos de estatus. Son esclavos de Facebook, Instagram, Twitter y YouTube. Son esclavos de toda la civilización vana, autoabsorbente, egocéntrica, obsesionada con la fama, impulsada por las redes sociales en las que vivimos inmersos.

Al ser humano le encanta ensalzar las virtudes y las glorias de la libertad, pero la verdad es que la gran mayoría no es libre en absoluto. Entre los odiosos hostigadores hambrientos de poder por un lado, las ovejas cobardes y de voluntad débil por el otro, y la vasta, vacilante y adicta población intermedia, estamos literalmente envueltos en una cultura de esclavitud.

Es importante reconocer esta gran ilusión de libertad que existe, porque nos ayudará a comprender una dinámica esencial del infierno. La Biblia dice: «La verdad los hará libres».[5] Bueno, Dios es la verdad. Por lo tanto, a medida que te alejas más y más de él, tu entorno no solo se llena más de mentiras, sino que también se llena más de esclavitud. En la tierra, podemos luchar contra la esclavitud con la ayuda de la gracia de Dios. Pero ese no siempre será el caso. El hecho es que, para aquellos que están condenados, la esclavitud no termina con esta vida. Continúa por siempre. En efecto, la esclavitud en la tierra es solo un anticipo, una leve insinuación de una esclavitud aún mayor en el infierno. A diferencia del cielo, que se rige por la ley del amor, la vida en el infierno siempre se caracterizará por la subyugación despiadada de los débiles por los fuertes, los sumisos por los dominadores, los esclavos por los amos.

Y los demonios son, con mucho, las criaturas más fuertes en el infierno. Recuerda, los demonios son ángeles caídos; son criaturas puramente espirituales con inteligencia, voluntad, libertad y la capacidad de actuar, incluida la acción destructiva. Son seres reales. No son simples recursos literarios. Están *vivos*. Son *inmortales*. Además, tienen personalidades distintivas o «demonalidades», para ser más precisos. No son todos iguales. Varían en sus capacidades, sus intereses, sus niveles de maldad, sus tipos de perversidad y sus poderes.

Las Escrituras nos dicen que Dios creó a los demonios para que fueran buenos, pero se volvieron malos por su propia culpa, a través de una libre decisión que tomaron para rebelarse contra Dios. Sin embargo, a pesar de que se rebelaron, Dios les permitió mantener sus diversas habilidades de una manera similar a la que permite que los seres humanos de hoy continúen rebelándose contra él e incluso cometan crímenes terriblemente malos sin matarlos. Nuestro Dios es un Dios de libertad. Por lo tanto, los demonios aún poseen una gran fuerza ahora y continuarán haciéndolo después de la resurrección de los muertos en el infierno. Siempre serán mucho más fuertes que los seres humanos en su intelecto, voluntad, odio y poder sobrenatural. Esa es solo su naturaleza como ángeles caídos.[6]

Y usarán ese poder contra los humanos reprobados en el infierno. ¿Por qué? Porque es parte de lo que son. Ser como son es el resultado lógico de su elección irrevocable de rebelarse contra Dios. Recordemos la historia de la caída de los demonios. La tradición cristiana enseña que Satanás —o Lucifer, como también se le conoce—, era el más poderoso y brillante de los ángeles de Dios. Su clara superioridad era reconocida por todos. Su brillante ser era tan grande que su propio nombre significa «portador de la luz» o «estrella de la mañana».

Pero esa superioridad se vio amenazada. Los teólogos han especulado durante mucho tiempo que incluso en ese punto temprano en la historia de la creación, algún indicio del plan general de Dios les fue revelado a los ángeles. Se les hizo saber que después de la creación y la caída de los seres humanos, Dios vendría al mundo y tomaría una forma humana en la persona de Jesucristo. Los ángeles no pudieron entender el plan divino en su totalidad porque eso no quedaría claro, sino hasta después de que Cristo hubiera cumplido su misión. Pero la *idea* misma de que Dios se convertiría en un ser humano, esencialmente elevando a la humanidad sobre los ángeles, incluso sobre Satanás mismo, fue demasiado para el diablo y sus seguidores. Su orgullo no podía soportar la *humillación* de ser rebajado en la jerarquía de la creación. Quería seguir siendo el centro de esa creación, el primero en el orden de todos los seres creados. Entonces él y sus seguidores se negaron a seguir la voluntad de Dios. Por eso dijeron (como los israelitas más adelante) *non serviam*, «No serviré».[7] Y es por eso que John Milton, en su poema épico *El paraíso perdido*, puso las famosas palabras de ficción en la boca de Satanás: «Es mejor reinar en el infierno, que servir en el cielo».[8]

Por lo tanto, el orgullo fue la razón principal de la rebelión de los demonios contra Dios.[9] Querían *dominar*, deseo que continúa siendo su principal motivación hoy. Derrotados por Dios, Satanás y sus demonios se esfuerzan por luchar, vencer y someter a los seguidores de Dios.[10] Comenzando con nuestros primeros padres, Adán y Eva, y hasta el presente, los demonios han intentado esclavizar a los seres humanos al atraerlos a obedecer *su* voluntad en lugar de la de Dios.

Esta dominación cumple dos propósitos. Primero, el mismo acto de esclavizar a los seres humanos satisface su deseo de ser el primero, para frustrar los planes de Dios de elevar a los seres humanos con el fin de compartir su vida divina. Segundo, puesto que Dios ama a los seres humanos, lo ofende y lo lastima cuando son hechos cautivos.

El deseo de ofender y provocarle daño a Dios siempre ha estado en la mente de los demonios. Lo culpan de ofenderlos y de *herirlos*. Y como notamos anteriormente, dado que no pueden hacer nada para lastimar a un Dios todopoderoso, lastiman a esas criaturas que llevan la imagen y semejanza de Dios.

Esta misma dinámica continuará en el infierno después de la resurrección. Los demonios ejercerán su odio hacia Dios atormentando a los condenados. Usarán su mayor poder para infligir tanto sufrimiento como puedan a los que fueron hechos a imagen de Dios, a aquellos cuyas formas carnosas, aunque deformadas y decrépitas, aún se parecen a la de Cristo. Y aunque no experimentarán ningún verdadero placer con ello en su esclavitud, en cuanto a sentir una alegría y una emoción positiva, sin duda experimentarán cierta satisfacción, y de esa forma retorcida se acercarán lo más posible al placer.

Es difícil para nosotros imaginar ese sentimiento porque en la tierra, aun cuando hacemos algo perversamente pecaminoso, a veces experimentamos un placer genuino mezclado con el pecado, incluso en ocasiones un placer extremo. Por eso es difícil concebir un lugar donde haya una total ausencia de placer. Pero podemos pensar en aquellos momentos de la vida en los que hemos estado realmente enojados, tanto que gritamos, golpeamos la mesa con el puño o damos patadas a una pared. Esas acciones difícilmente podrían llamarse placenteras. Y, sin embargo, son el resultado directo de la ira que sentimos, y nos liberan de las emociones negativas que experimentamos. Esta no es una analogía perfecta, pero es al menos similar a cómo se sienten el diablo y sus demonios cuando infligen —en el infierno— dolor y castigo a los humanos reprobados más débiles que ellos. Sus acciones crudas y sádicas satisfacen su odio hasta cierto punto, y sus esfuerzos por obligar a los humanos a obedecer su voluntad satisfacen su orgullo en alguna medida.

No me malinterpreten: al diablo y los demonios no se les puede comparar con los amos de esclavos o con los guardias de una prisión que pueden estar felices en su trabajo. Ellos, es decir, el diablo y los demonios, también están cumpliendo una sentencia eterna; están sujetos al mismo juicio final que nosotros y deben sufrir los mismos tormentos, el mismo dolor por pérdida, la misma desesperanza, el mismo aislamiento egocéntrico. Ellos también deben lidiar con alguna forma de fuego infernal espiritualizado. De hecho, debido a que son más inteligentes y poderosos que los seres humanos, son capaces de darse cuenta con mayor claridad de a cuánto han renunciado al rechazar a Dios, por lo que su sufrimiento es aún más intenso.

El punto es este: en el infierno, *todos* son desdichados. Es solo que los demonios, por virtud de su naturaleza más fuerte, pueden actuar como instrumentos de dolor de manera más efectiva que los seres humanos y pueden vivir la cultura de la esclavitud prevalente más en la capacidad de amos dominantes.

Con eso en mente, podemos preguntarnos: ¿cómo será exactamente la naturaleza de esa esclavitud demoníaca?

Primero, la mera *presencia* de los demonios hará que los seres humanos en el infierno sientan el dolor de la esclavitud. Los que van al infierno no quieren estar cerca de nadie. Han rechazado a Dios y han rechazado el amor. En lugar de eso, han elegido una forma radical de egoísmo. Su verdadero deseo es estar solos. En efecto, el infierno les da una cierta medida del desapego que anhelan. Están mucho más aislados en el infierno que lo que estarían en el cielo. Toda la alegría del cielo proviene de estar con Dios, de estar con los ángeles, de estar con la familia y los amigos, juntos en el paraíso. Aunque conservan su individualidad, los bendecidos en el cielo comparten una intimidad mucho más profunda con las otras criaturas y con Dios que la que tuvieron en la tierra. Es precisamente ese tipo de unión lo que los condenados encuentran repugnante.

Y, sin embargo, su aislamiento en el infierno, a pesar de sus deseos, no será perfecto. Estará siendo interrumpido continuamente. No importa cuánto hayan intentado evitar el contacto con otros durante su existencia en el mundo, en el infierno no podrán evitarlo, trátese de humanos o de demonios. En los próximos capítulos nos referiremos a esa interacción forzada entre los residentes del infierno; pero por ahora, intentaremos entender el concepto.

Lo que estamos diciendo aquí es que en el infierno, por el solo hecho de estar en la horrible *compañía* de Satanás se estará viviendo una forma de esclavitud. Imaginémonos por un momento la dura situación de los niños que tienen que vivir en la misma casa con unos padres violentos, alcohólicos, drogadictos o sexualmente abusivos. ¿Cómo será eso para ellos? No tienen a dónde ir, ningún lugar adonde escapar. Se ven obligados a vivir bajo el mismo techo con personas cuya presencia es tóxica y opresiva. Se ven obligados a dejar que alguien que tiene una autoridad total sobre ellos actúe, día tras día, de manera degradante, repulsiva y destructiva. Cualquier daño físico que sufran es un agregado más a la miseria general de su existencia, al sufrimiento general que experimentan solo porque no pueden evadir su estrecha asociación física con sus padres depravados.

Lo mismo es cierto en el infierno, solo que mucho peor. Los humanos allí también tienen un padre: el padre de todas las mentiras, el padre de todos los asesinatos, el padre de todos los pecados. Él es su verdadero padre adoptivo y es peor que cualquier adicto al alcohol o a la heroína o abusador de menores que haya existido.

Como padres abusivos, el diablo y sus demonios atormentarán a los humanos en el infierno de manera verbal, mental y física. Los obligarán, a través de sus poderes superiores, a hacer cualquier cosa que les manden. Basta leer los Evangelios para ver todos los ejemplos de demonios que usan sus poderes espirituales para infligir daño a las personas. Cuando Jesús estuvo en la tierra, rescató a algunos de esos pobres seres que habían estado bajo el control del mal. Después de todo, él había sido enviado a «proclamar libertad a los cautivos».[11] De modo que una y otra vez detuvo al diablo en su empeño de esclavizar, castigar y poseer a los judíos que conoció en Palestina. Pero Jesús no estará en el infierno para detener el abuso de los humanos. La actividad perversa del diablo y sus demonios se desarrollará desenfrenada y descontroladamente para siempre.

¡Esto no es broma! ¡El diablo es un capataz terriblemente cruel! Solo observemos lo que hace a la gente en la tierra en este instante. Cómo la tienta y engaña, humilla y castiga, y hace de sus vidas un infierno. Observemos todas las vidas que destruye a través de diferentes tipos de pecados y compulsiones. ¿Creemos que su comportamiento abusivo se detendrá en la próxima vida? Si puede hacer tanto ahora, cuando todavía tenemos la ayuda de Dios disponible a través del poder de la gracia, cuánto más podrá abusar cuando esté en «su territorio» y cuando todo acceso a la gracia ya no esté.

Sí, con eso tendrán que lidiar los condenados. Además del dolor por la pérdida, el dolor de sus cuerpos tóxicos y el dolor de la atmósfera ardiente en la que vivirán, también tendrán que soportar una nueva e infernal cultura: la de la esclavitud. Peor aún, esa esclavitud será solo un telón de fondo para más sufrimiento.

¿Qué más sufrimiento podría haber? Todavía tenemos que abordar dos de las principales actividades del infierno: la relación de los humanos con sus compañeros reprobados y los llamados castigos que deben sufrir por los pecados que cometieron en la tierra. Ambas son fascinantes en sus implicaciones, pero la segunda es quizás más terrible de imaginar, porque fueron estos castigos los que Dante describió con tanta repulsión en su *Infierno*. Teniendo en cuenta el contenido poético y metafórico de ese trabajo, vamos a sumergirnos brevemente en él para experimentar algo de su horror y extraer algo de su verdad.

Once

Actividades en el infierno, parte 2

Castigo proporcional al delito

E l infierno, como hemos dicho, se puede definir mejor como el estado y el lugar de la separación eterna y la autoexclusión de Dios, en quien solo podemos poseer la felicidad que tanto deseamos y para la que fuimos creados. Es importante tener presente esta definición, porque en las próximas páginas vamos a detenernos en otros tipos de sufrimiento infernal, por lo que no queremos quedar atrapados en las horribles posibilidades y olvidarnos que la pérdida de Dios sigue siendo el principal dolor de los reprobados.

Sin embargo, ¿qué otro sufrimiento puede haber? ¿No es lo que ya hemos descrito detalladamente? La respuesta corta es no. Y aquí es donde algunas personas comienzan a perder la fe en la enseñanza cristiana tradicional sobre el infierno, porque piensan que es demasiado dura.

Recordemos que el acto de impenitencia final (decidir no lamentar sus pecados y no recurrir a Dios con fe, incluso hasta el último momento de la vida) es lo que da como resultado la pérdida permanente de Dios. En última instancia, es esta pérdida de Dios, quien es infinitamente bueno, la que hace que los dolores del infierno sean tan terriblemente ilimitados. Ese punto no es tan difícil de entender una vez que se acepta que *es posible* elegir el mal antes que el bien. Tampoco es difícil entender que el que se aleja de Dios y corre en la otra dirección, no solo perderá a Dios, sino que, perderá todo lo que Dios es y representa. Es más, va a terminar en un lugar donde experimentará todas las cosas que son opuestas a Dios. Lo hemos dicho y repetido tantas veces en este libro porque es crucial. Si el trino Dios personal del cristianismo se identifica con la luz, la belleza, la verdad, la familia, la plenitud de la vida, el amor, el orden, la libertad y la felicidad, es un paso simple y lógico concebir el infierno como un lugar lleno de oscuridad, fealdad, mentiras, aislamiento, vacío, odio, desorden, esclavitud y dolor.

Insisto, esto es cuestión de simple sentido común. El infierno es más que una colección de características contrarias a Dios. Hay dolores adicionales y tenemos que tratar de entenderlos también.

Todos hemos escuchado decir que Dios es misericordioso y justo,[1] pero no todos entienden la simplicidad de esta enseñanza. Una de las cosas que significa es que hay un período de tiempo definido para la misericordia de Dios y otro para la justicia de Dios. El momento de la misericordia de Dios es *ahora*, mientras todavía vivimos en este planeta. No importa cuántas veces hayamos pecado ni cuán terribles hayan sido nuestros pecados, Dios siempre nos perdonará si nos arrepentimos. Cuando se trata del perdón, Dios exige poco. Una gota de la sangre de Cristo es suficiente para lavar los pecados de un billón de universos. Pero... una vez que morimos, el tiempo para arrepentirnos se habrá acabado. De hecho, el tiempo del perdón, el tiempo de la gracia y el tiempo de la misericordia se detendrán por completo. Lo que quede será nuestra decisión final en cuanto a Dios, a favor o en contra de él, así como toda una vida de decisiones buenas, malas e indiferentes que tomamos o dejamos de tomar. Esa será la evidencia que Dios use para juzgarnos. El momento de nuestras muertes (y el momento de nuestras resurrecciones) será el momento de la justicia de Dios.

Nunca debemos olvidar que Dios es un Dios de *justicia perfecta*. Las Escrituras no podrían ser más claras al respecto:

Tú pagarás a cada uno según lo que merezcan sus obras.[2]

Dios pagará a cada uno según lo que merezcan sus obras.[3]

¿Cuánto mayor castigo piensan ustedes que merece el que ha pisoteado al Hijo de Dios, que ha profanado la sangre del pacto por la cual había sido santificado, y que ha insultado al Espíritu de la gracia?[4]

Luego dirá a los que estén a su izquierda: «Apártense de mí, malditos, al fuego eterno preparado para el diablo y sus ángeles. Porque tuve hambre, y ustedes no me dieron nada de comer; tuve sed, y no me dieron nada de beber; fui forastero, y no me dieron alojamiento; necesité ropa, y no me vistieron; estuve enfermo y en la cárcel, y no me atendieron». Ellos también le contestarán: «Señor, ¿cuándo te vimos hambriento o sediento, o como forastero, o necesitado de ropa, o enfermo, o en la cárcel, y no te ayudamos?». Él les responderá: «Les aseguro que todo lo que no hicieron por el más pequeño de

132 | El infierno

mis hermanos, tampoco lo hicieron por mí». Aquellos irán al castigo eterno, y los justos a la vida eterna.[5]

¿Qué se dice en estos pasajes? Primero, que todo lo que los seres humanos hagan en la vida tiene sentido y será recordado por Dios. Segundo, que si alguien permanece orgullosamente impenitente y se va al infierno, sus castigos serán proporcionales a sus crímenes.

Vimos esto cuando repasamos el tipo de cuerpos resucitados que tendrán los reprobados. Dijimos que cuanto más grave es el pecado de una persona en la vida, más decrépito y deformado estará su cuerpo en el infierno. Sin embargo, ese principio se aplica no solo al cuerpo. Se aplica a todo, a la cantidad de resentimiento, aislamiento, desolación y vacío que esa persona sentirá y a la intensidad del sufrimiento que debe soportar de fuentes *externas*, incluida su esclavitud a los demonios, el fuego infernal que debe tolerar y la humillación de las actividades en las que debe participar.

Es en este último detalle donde muchos tropiezan. Tiene que ver con los diversos castigos que son *específicos* para el individuo en el infierno. Tal vez la fuente del problema sea la palabra *castigo*. El castigo en el infierno no es exactamente lo mismo que el castigo en esta vida. Cuando hablamos de castigo terrenal, nos referimos a la imposición de algún tipo de pena en retribución por un delito. La pena puede servir para reformar al delincuente o solo para vengarse de él.

Sin embargo, la perfecta justicia de Dios no consiste en ninguno de esos dos objetivos. Primero, no hay posibilidad de reformar a una persona en el infierno. Su decisión contra Dios ha sido fijada de manera permanente e irrevocable, y no hay nada que alguien pueda hacer. Segundo, con respecto a la venganza, si bien es cierto que, estrictamente hablando, una persona que rechaza a un Dios infinito merece un castigo infinito (como

Agustín, Aquino y otros teólogos han argumentado), Dios no necesita «desquitarse» con nadie. Si lo hiciera, no infligiría castigos *eternos* específicos sobre delitos *temporales* específicos. Eso no sería justicia perfecta; sería un acto de crueldad.

No, el significado de castigo en el infierno es más profundo que eso. Tiene que ver, una vez más, con la decisión libre y fija del pecador. De la misma manera que una persona puede elegir libremente el mal y, por lo tanto, optar por estar en el infierno para siempre, también puede elegir libremente su propia forma particular de actividad infernal y disfrutar de eso para siempre. Estas actividades son lo que por lo general llamamos los *castigos justos de los reprobados*. Y eso, a nosotros, pueden parecernos grandes medidas punitivas, pero no a los que están en el infierno.

¿Cómo puede ser eso? Trataremos de entenderlo.

Primero, si alguien termina yendo al infierno, no será la misma persona que es ahora. Sí, tendrá la misma alma, la misma memoria, la misma identidad básica. Pero todas sus decisiones pecaminosas e impenitentes se habrán transformado para que llegue a ser la peor versión de sí misma, una criatura infernal que manifestará esas decisiones malas —física y espiritualmente— a través de los antojos de su voluntad y sus acciones. De la misma manera que su decisión fundamental contra Dios quedará fija, ocurrirá con las demás decisiones pecaminosas. El que en la vida se ocupaba de convertirse en algo monstruoso; en el infierno terminará siéndolo. El resultado será que sus propios deseos se deformarán en comparación con los de otros hombres y mujeres. Todo se reduce a tomar más en serio las palabras de Cristo. En el Evangelio de Mateo, Jesús dijo: «Pidan, y se les dará; busquen, y encontrarán; llamen, y se les abrirá. Porque todo el que pide, recibe; el que busca, encuentra; y al que llama, se le abre».[6]

Los que están en el infierno se pasaron toda la vida en la tierra pidiendo algo, buscando algo y llamando a una puerta en particular. En el infierno, finalmente lograrán su objetivo. Conseguirán lo que pedían. Que lo que desean nos parece un castigo es solo porque todavía tenemos algo bueno dentro de nosotros, todavía podemos ver las cosas desde una perspectiva piadosa. Ellos no. Su bondad les ha sido drenada. Para ellos, su castigo infernal será el cumplimiento de una solicitud de por vida, el logro de una meta largamente buscada, el resultado de una libre elección.

En otras palabras, cuando alguien se va al infierno, se lleva todas sus lujurias y deseos corruptos e incontrolados. Y esos deseos solo exacerban el sufrimiento general del infierno porque ya no podrán ser satisfechos. En la tierra, con el bien y el mal, con la tentación y la gracia, todas nuestras pasiones rebeldes son una fuente de conflicto y agitación, pero en el infierno, se desatarán y se les dará el imperio completo porque el infierno es el suelo natural y fértil para tales pecados. Y debido a que Dios estará básicamente ausente en el infierno, y solo él es la fuente de todo placer, no habrá ningún consuelo o disfrute que acompañe esos pecados.

Por tanto, si bien es cierto que Dios castiga a los que están en el infierno «según lo que merezcan sus obras»,[7] al final, lo que su justicia perfecta significa en realidad es que los reprobados permanecerán *cautivos de sus pecados*. Solo que ahora, esos pecados serán despojados de todo su placer. Dios juzgará a la perfección cada uno de ellos, juicio que corresponderá exactamente a lo que querían los reprobados. Es decir, sus crímenes no solo se ajustarán a sus castigos, sino que *serán* sus castigos.

Por lo tanto, si alguien que decide libre y conscientemente ser un hipócrita en la vida, haciéndose pasar por inocente pero que es en realidad dañino, si continúa en ese pecado día tras día sin arrepentirse incluso hasta su muerte, entonces parte de sus castigos en el infierno implicarán la continuación, de alguna manera, de esa actividad hipócrita.

Del mismo modo, si te pasaste la vida gratificando tu carne sin arrepentirte nunca, eso será lo que busques hacer también en el infierno: obsesionado por tu cuerpo. La única diferencia es que no podrás obtener ninguna emoción real de esa búsqueda. Sí, puede haber algún tipo de gratificación enfermiza y pervertida de la voluntad, pero no un disfrute positivo. Esto lo vemos incluso en la tierra, a través de los fenómenos de rendimientos decrecientes. Gente que usa pornografía habitualmente, por ejemplo, o que actúa de una manera sexualmente promiscua, descubre que pronto están descendiendo por una pendiente resbaladiza hacia un comportamiento cada vez más desviado, porque los pensamientos y actividades sexuales normales ya no les proporcionan el mismo nivel de estimulación. C. S. Lewis, hablando a través de las *Cartas del diablo a su sobrino*, explica cómo las malas decisiones de los seres humanos inevitablemente resultan en este tipo de satisfacción decreciente:

Nunca olvides que cuando tratamos con cualquier placer en su forma saludable, normal y satisfactoria, estamos, en cierto sentido, en el terreno [de Dios]. Sé que hemos ganado muchas almas a través del placer. De todos modos, es su invención, no la nuestra. Él hizo los placeres: toda nuestra investigación hasta ahora no nos ha permitido producir uno. Todo lo que podemos hacer es alentar a los humanos a tomar los placeres que nuestro Enemigo ha producido, a veces, o en formas, o en grados, que Él ha prohibido. Por lo tanto, siempre intentamos salirnos de la condición natural de cualquier placer e irnos a lo que es menos natural, menos reminiscente de su Creador y menos placentero. La fórmula es: un deseo cada vez mayor por un placer cada vez menor.[8]

Eso lo dice a la perfección: «La fórmula es: un deseo cada vez mayor por un placer cada vez menor». Eso es exactamente lo que les sucede a los seres humanos cuando cometen el mismo pecado de manera constante. Y esta fórmula demoníaca alcanza su cenit en el infierno, donde los reprobados continúan haciendo lo que siempre han querido hacer, pero sin la correspondiente emoción sensual. Al igual que el hombre rico en el Hades que anhelaba solo una gota de agua para enfriar su lengua pero no podía tenerla, los sentidos y los deseos de los condenados en el infierno estarán intactos pero incapaces de ser satisfechos.[9]

Dijimos que en el cielo el cuerpo glorificado está totalmente bajo el mando de la voluntad humana, pero lo contrario es cierto en el infierno. Ahí, los cuerpos humanos, o lo que queda de ellos, están por completo dominados por un conjunto caótico de deseos antagónicos y pecaminosos. Los reprobados están en esencial esclavizados por sus necesidades corporales. Por lo tanto, están condenados a experimentar no solo los dolores por la pérdida y el sentido común de todos en el infierno, sino también tormentos adicionales totalmente únicos de ellos, basados en sus pecados particulares.

¿Qué son, exactamente, esos tormentos?

Eso es, en verdad, un asunto de especulación. Con la ayuda de la imaginación, es posible inventar algunos «castigos interesantes que encajan con el crimen», como dice el refrán, pero es difícil de hacer, sobre todo porque es muy difícil para nosotros creer que los reprobados realmente *quieren* esos castigos.

En *El infierno*, Dante Alighieri realiza un aterrador recorrido por los nueve círculos del infierno. A medida que va avanzando en los círculos, se va encontrando con pecadores cada vez más malos y, al mismo tiempo, con castigos más horribles. El poeta usa imágenes espectaculares y un poder simbólico para comunicar la idea de la perfecta justicia de Dios. Como no podemos competir con Dante, podría ser útil repasar algunos de sus ejemplos más impresionantes, teniendo en cuenta que no pueden entenderse literalmente, sino como ideas que tratan de ilustrar el concepto de castigos justos.

En el segundo círculo, están los reprobados cuyos pecados principales en la vida involucraron la lujuria. Esos hombres y mujeres que se abandonaron a las furias de sus pasiones, sin que jamás aprendieran a controlar sus deseos, pese al daño que sus acciones causaban a los demás y a ellos mismos. Estos pecadores impenitentes aparecen en la obra del Dante dentro de una inmensa caverna a merced de un gran torbellino que los mantiene en un vuelo giratorio permanente similar a lo que ocurre en un tornado. La fuerza del torbellino los lanza de un extremo a otro dentro de la caverna porque todas sus vidas en la tierra la dedicaron a abandonarse a sus apetitos sensuales, a ser arrastrados de un deseo carnal al siguiente. Sus vidas terrenales, por su propia decisión, fueron una tormenta interminable, una tempestad de lujuria, por lo que sus vidas físicas en el infierno son un tipo similar de ciclón, nuevamente por su propia decisión.

Ante estas imágenes que Dante nos ofrece, podemos preguntarnos: ¿será este, en realidad, el castigo que recibirán en el infierno los pecadores sexuales que no se arrepintieron mientras vivían en la tierra? Probablemente no. Pero eso no significa que detrás de esa idea no haya presencia de verdad. En el infierno, este tipo de condenados podría tener que participar en alguna actividad física similar a lo que imaginaron, porque *parte de su castigo se ajustará a su crimen*.

En el tercer círculo están los glotones. John Ciardi, experto en Dante, describió el lugar como algo parecido a un gigantesco basurero, en el que «una gran tormenta de putrefacción cae incesantemente, como una mezcla de nieve maloliente y lluvia helada, que se transforma en un horrible fango como una pasta congelada y apestosa en la que yacen las almas de esos condenados». Y uno de los demonios del infierno, que tiene la forma de un perro voraz de tres cabezas, se mantiene vigilando a los reprobados, a los que ataca desgarrándolos con sus garras y dientes. En la vida, esos glotones «no hicieron otra cosa con los dones de Dios que revolcarse en la comida y en la bebida», produciendo nada más que basura y excremento. «Aquí yacen por toda la eternidad, ellos mismos como basura, semienterrados en un fétido fango de aguanieve, mientras [el demonio] los esclaviza así como ellos vivieron esclavizados de la comida mientras vivían».[10]

Aquí, el punto nuevamente es este: de la misma forma en que esos pecadores impenitentes se comportaron en la vida como cerdos glotones, se comportan ahora en el infierno. Su comportamiento indisciplinado y parecido a un animal en la tierra se traslada al siguiente mundo, donde aúllan en la oscuridad y permanecen atrapados para siempre en el estiércol de su propia suciedad y sus excesos. La diferencia es que, en la vida terrenal, la gula les producía algún tipo de consuelo, pero en el infierno no hay tal cosa como consuelo. Ese placer ilusorio ha dado paso a la verdad de lo que realmente es la glotonería: un frío, sucio, pútrido y fangoso letargo del cuerpo y del espíritu.

A lo largo del poema, Dante continúa imaginando el modo en que los pecadores impenitentes se ven obligados a actuar en el infierno bajo su propia voluntad. Así, los enfurecidos pasan la eternidad atacándose unos a otros; los asesinos se sumergen en un charco de sangre; los falsos aduladores están cubiertos de excremento, que es el equivalente a sus cumplidos falsos y egoístas en la tierra. Y en cada paso del camino, los demonios ayudan en esos tormentos, gritando insultos a los reprobados, humillándolos con todo tipo de agresiones físicas y verbales. De esta manera, los condenados viven una esclavitud triple: (1) por sus propios cuerpos repugnantes, (2) por sus deseos distorsionados e insatisfechos, y (3) por los demonios.

Ya hablamos del pecado de hipocresía. En el octavo círculo de *El infierno*, Dante coloca a los hipócritas impenitentes. Estos pecadores pasan sus eternidades caminando con largas túnicas que se asemejan al atuendo religioso que usan los monjes. Exteriormente, las túnicas son ataviadas con oro deslumbrante y joyas, pero interiormente están cargadas de plomo. El peso es tan grande que los hace gemir de aflicción mientras caminan lentamente por los pasillos del infierno, como una forma de exhibición para que los demás los vean. El sentido de este castigo es evidente: en la vida, esos hipócritas parecían ser santos, ricos y valiosos, pero todo era una apariencia vacía. En realidad, estuvieron mintiendo todo el tiempo. Se las arreglaron para camuflar sus almas interiores pesadas, feas y egoístas con exteriores fraudulentos aunque hermosos. Eso era lo que más deseaban hacer en la vida, y eso es exactamente lo que ahora hacen en el infierno por toda la eternidad.

Por último, en el fondo del infierno, en el círculo noveno, Dante ubica a los traidores: traidores a la familia, a los amigos, al país, a los benefactores y a Dios (como Judas Iscariote). Todos permanecen sumergidos en un lago de hielo. ¿Por qué hielo, cuando todos generalmente piensan en el infierno en términos de fuego? Porque en la tierra, estos hombres y mujeres violaron la *confianza*, que es el principio fundamental de las relaciones interpersonales. Rechazaron la verdadera intimidad y la calidez. De hecho, optaron por renunciar al más fuerte de todos los lazos humanos: el amor. Sin embargo, en el infierno, su naturaleza gélida e implacable finalmente se expresará a plenitud. Al ser traicioneros en la vida, esos reprobados buscaron el frío aislamiento del egoísmo, y eso es lo que al final lograron.

Insisto. Ninguno de esos castigos debe entenderse literalmente. Al tomar una realidad muy oscura y desafiante y hacerla clara, al usar su imaginación de forma tan brillante, Dante habría querido ayudar a entenderla a aquellos que tenían problemas para hacerlo. Con todo y ser las imágenes producto de su imaginación, son congruentes con la teología cristiana ortodoxa tradicional. Todos los pecadores en el infierno no están sujetos a los mismos tormentos. Cada reprobado sufre una forma diferente de castigo, o un conjunto variado de castigos, así como una severidad punitiva diferente en función de los pecados que caracterizaron a cada uno. La razón para este tipo de castigo proporcional no es la antigua noción de ojo por ojo. Más bien, las actividades punitivas de los que moran en el infierno surgen de la naturaleza de los propios pecados. Surgen del deseo inmutable del pecador por rebelarse contra las leyes de Dios y adoptar una conducta desordenada, independientemente del dolor que les cause.

No hay forma de que podamos saber con precisión cómo se llevarán a cabo esos castigos. Solo podemos ilustrar el principio que hay detrás de ellos y esforzarnos, como Dante, para imaginarnos el tipo y grado de sufrimiento. Pero, una cosa es segura: no importa cuán sangrientos y horripilantes imaginemos que serán los tormentos en el infierno, no podrían rivalizar con la realidad. Es imposible concebir el terror de estar en un mundo totalmente sin Dios. Aun en el peor entorno terrenal posible, como podría ser un campo de concentración nazi o un gulag soviético, siempre hay algo de divino. Incluso cuando nos veamos obligados a realizar el trabajo más duro o las tareas más odiosas, aún podemos elevar nuestras mentes en oración al cielo, atraer sobre nosotros la gracia de Dios y experimentar la paz que «sobrepasa todo entendimiento».[11] Pero esa posibilidad no se hallará en el infierno. Por lo tanto, cualquier castigo que exista deberá ser necesariamente más abominable que lo más abominable que este o cualquier otro poeta o pintor haya creado.

En este punto, hemos avanzado bastante en nuestra gira por el infierno; nos hemos referido a muchas cosas desagradables; sin embargo, no nos hemos detenido a considerar los compañeros de viaje de los condenados, los otros seres humanos que vivirán en el infierno para siempre. ¿Cómo será la comunicación entre ellos? ¿Habrá algún tipo de respeto entre los ladrones o se dedicarán a acusarse mutuamente? ¿Estarán concentrados solo en los castigos que vimos antes o habrá algo más que ocupe su tiempo? Detengámonos por unos minutos en las *relaciones* en la ciudad de los condenados.

Doce

Actividades en el infierno, parte 3

Relaciones en la ciudad de los condenados

Hasta aquí, hemos venido tratando de construir una imagen del infierno. Por el momento, el cuadro se ve bastante confuso e incompleto, pero en el capítulo siguiente juntaremos las diversas piezas y formaremos un todo coherente.

Recapitulemos lo que tenemos hasta ahora.

Después de la resurrección, los humanos en el infierno tendrán cuerpos. Estando íntimamente conectados a sus almas, esos cuerpos sufrirán dolor en proporción a los pecados que cometieron mientras vivieron en la tierra y por los cuales no se arrepintieron. El infierno mismo será tanto un estado como un lugar. Como estado, se caracterizará principalmente por la pérdida de Dios y la desesperación irremediable causada por esa pérdida. Como lugar, se caracterizará por todos esos rasgos que son lo opuesto a Dios: oscuridad, engaño, malicia, aislamiento, desolación, fealdad y dolor, incluyendo el padecimiento del fuego infernal. Los condenados también sentirán esos elementos infernales en proporción a sus grados de maldad individualmente y a la naturaleza específica de sus pecados. Por último, el infierno será un lugar de esclavitud general para el diablo y sus demonios, los que, como sádicos guardias de la prisión, participarán en los castigos que se aplicarán a los seres humanos; repetimos, únicos y proporcionales a sus pecados en la tierra.

Al catalogar las diversas características del infierno, no debemos perder de vista un hecho muy importante: los humanos allí están vivos, muy *vivos*. No son robots impersonales. No son gotas de carne sin alma. No son muertos vivientes, ni zombis ni esas criaturas tan radicalmente diferentes de nosotros que son irreconocibles como seres humanos. Por el contrario, los que están en el infierno son hombres y mujeres vivos, distinguibles por género y por rasgos físicos individuales. Sus cuerpos, aunque horribles, aún conservan sus identidades fundamentales, así como su capacidad de sentir y ver cosas. Sus almas, aunque privadas de gracia y gloria, aún conservan su intelecto, su memoria y su voluntad.

Los seres humanos en el infierno son, por lo tanto, completamente conscientes de su estado y su entorno. Todos los diferentes castigos de los que hemos hablado tienen lugar en el marco de una realidad consciente y viva. Es crucial entender esto. Si, por alguna razón trágica, terminas en el infierno, tu vida allí no será como una pesadilla sombría, etérea, semiconsciente; será tan real, clara, vívida y táctil como la existencia que estás viviendo en este momento. Una vez que Dios crea un ser humano, este permanece inmortal. La vida *nunca* termina.

Hay un tipo de castigo que aún no hemos tocado y es muy significativo. Se trata de la desdichada experiencia de los condenados de estar en la detestable compañía de los demás condenados. Recuerda que una de las razones por la que los seres humanos están en el infierno es porque rechazaron el amor y la convivencia. A pesar de haber sido creados para ser criaturas sociales, eligieron en cambio una forma radical de egoísmo. No quisieron tener amigos, menos de personas tan orgullosas como ellos. Prefirieron estar solos.

Hasta cierto punto, en el infierno, logran ese aislamiento tan deseado. Allí no puede existir nada parecido a la intimidad; nada puede romper el muro de egoísmo que, con voluntad de hierro, se han autoconstruido todos los reprobados. Tal egocentrismo es parte integrante de la decisión fija e irrevocable que tomaron para rechazar a Dios. Pero eso no significa que dentro de esa cuarentena autoimpuesta estén totalmente libres de la presencia de otros. No lo estarán.

Después de todo, es posible estar solo y, al mismo tiempo, en medio de una multitud. ¿Has estado alguna vez en una fiesta en la que una o dos personas permanecen apartadas de los demás aparentemente reacias o incapaces de unirse al grupo? Puede tratarse de personas antisociales o que, sin serlo, estén de mal humor o sean tímidas e inseguras. Cualquiera sea la razón, con su actitud estarán diciéndoles a los demás que quieren estar solas. Pero no importa cuán bien les vaya al aislarse, no pueden escapar al hecho de que están rodeadas de personas. Aunque, de cualquier manera, su incapacidad para integrarse al grupo haga que la experiencia les resulte incómoda y desagradable.

Algo como esa dinámica existe en el infierno. Así como los condenados son conscientes de la presencia de demonios, también lo son de la presencia de los demás seres humanos. Ven claramente las caras y los cuerpos repulsivos de sus semejantes. También conocen los pecados terribles de cada uno. (Como se recordará, los pecados se hacen públicos en el juicio final). Pensemos en cómo deben sentirse rodeados por todos lados de asesinos, violadores, abusadores de niños, ladrones, hipócritas, mentirosos empedernidos, traidores, ególatras, megalómanos y practicantes de todo tipo de perversión concebible, todos desesperanzados, amargados y resentidos.[1]

Por supuesto, es difícil imaginar eso. Quizás un criminal en una prisión de máxima seguridad podría relacionarse con ellos en alguna manera. Pero aun así le sería difícil porque en la tierra siempre existe la posibilidad de experimentar algún grado de alegría y camaradería. Incluso en la cárcel, Dios es capaz de sacar lo mejor de las peores situaciones a través del poder de su gracia. Pero, en el infierno, no hay gracia.

Sin embargo, es importante tratar de pensar en una situación con la que alguien *podría* identificarse. Quizás no se trate de asesinos y violadores, pero sí de personas con las que uno no querría estar ni cerca. Personas egoístas cuya compañía es desagradable; personas que solo se acuerdan de uno cuando necesitan algo; o esos que solo hablan de sí mismos. El mundo está lleno de hombres y mujeres narcisistas. Quizás algunos compañeros de trabajo sean así. O alguien de tu familia.

O tal vez el narcisismo no sea el problema, sino una simple mala costumbre. Algún vecino curioso, unos suegros dominantes o un jefe tirano. Es muy poco placentero pasar tiempo con esas personas por muy amigables que sean, pues la atmósfera que crean es asfixiante.

O puede tratarse de personas físicamente repugnantes; individuos desaseados que llevan consigo malos olores y tienen mal aliento. ¿Es agradable estar cerca de ellos, sin importar cuán amigables sean?

¿Y qué pasa cuando estamos de mal humor, cuando estamos deprimidos o ansiosos o simplemente estresados? ¿Qué se siente en *los* momentos en que se tiene que estar con gente que no nos gusta? ¿Es duro, verdad? De hecho, puede sentirse como el infierno.

Así es como *se siente* el infierno. Solo que mucho peor. De la misma manera que un reo puede encontrar algo de alegría en la prisión debido a la acción de la gracia divina, así también el compromiso social más molesto puede ser una oportunidad de placer por el bien que existe en las personas, incluso en las más desagradables. Pero en el infierno no habrá ninguna mezcla de bien y mal. Todos allí serán malos desde muy dentro. La multitud de reprobados será de una malevolencia pura y destilada, y eso no es una compañía agradable.

Hitler no va a disfrutar la compañía de Stalin. A Osama bin Laden no le va a gustar pasar tiempo con Mao Zedong. Los aztecas que practicaban el sacrificio ritual de niños en el siglo catorce no se llevarán bien con los abortistas que practican el infanticidio en el siglo veintiuno. Asumiendo que esos horribles seres humanos se vayan al infierno (y no podemos estar absolutamente seguros), no van a disfrutar la compañía del otro. No van a comparar notas y reírse de su vínculo mutuo con el mal. No habrá ningún condecorado falso de Hollywood entre los ladrones. La naturaleza del egoísmo radical es estar en competencia. Cuando las personas muy orgullosas se mezclan, nunca hay armonía y paz; generalmente hay mucha tensión, hostilidad y, a veces, una guerra directa.

Un megalómano que está en el infierno no puede amar a otro megalómano que está ahí mismo. Un hostigador en el infierno no puede amar a otro que esté cerca. Sí, es posible que a veces puedan trabajar juntos; nos referiremos a eso en un momento, pero la esencia de su relación es rivalizar. Una forma de lucha por el poder. Si ese no fuera el caso, no estarían en el infierno. Por eso las relaciones entre humanos en el infierno serán similares a las que sostienen los humanos y los demonios. Siempre habrá una dinámica esclavo-maestro, con la criatura más fuerte continuamente tratando de dominar a la más débil.

Esta imagen de los reclusos peleándose entre sí por toda la eternidad puede parecer poco realista para algunos. Después de todo, ¿qué podrían esperar esos reprobados el uno del otro? ¿Con qué propósito tratarían de ser dominantes o poderosos? ¿Qué posible ganancia hay en un mundo sin esperanza?

Nadie puede decirlo con certeza, pero, como mencionamos en un capítulo anterior, la satisfacción del orgullo es lo más cercano al placer que las personas en el infierno obtienen. Satisfacer su odio al intentar dominar a los demás es esencialmente un ejercicio de amor propio. En realidad es lo único que pueden hacer para liberar su resentimiento y su amargura. Piensa en algún momento en que te hayas enfurecido por algo. Tal vez porque te hicieron perder la paciencia en el trabajo; o porque se frustraron tus planes para el fin de semana; o porque un automovilista te irrespetó en la carretera. Todos, en un momento u otro, vivimos episodios de ira que nos ha costado controlar. Pero ¿alguna vez regresaste a casa furioso y te desquitaste con tu familia? ¿Alguna vez le has gritado a tu esposa o a tus hijos sin que ellos hubiesen hecho algo malo, sino solo porque necesitabas liberar tu frustración?

Lo que podría identificarse eufemísticamente como «desahogo» o «perder los estribos» no es otra cosa que un intento por sobreponer la voluntad propia sobre las de otras personas percibidas como más débiles mostrando emociones descontroladas y erróneas. Abusar de los demás, ya sea verbal o físicamente, siempre tiene que ver con la elevación y la satisfacción del *ego*.

Esto es similar a lo que motiva a las personas en el infierno a tratar de dominar a quienes los rodean. Los reprobados están llenos de odio hacia Dios. Lo culpan por todas sus desgracias; piensan que los ha perjudicado y que ha sido él quien destruyó sus vidas. Pero igual que los demonios, no hay nada que puedan hacer para causarle daño a Dios. Entonces, hacen lo que sí pueden: causarles daño a los demás y, para eso, intentan hacerse más importantes que sus rivales, mostrándoles su superioridad. Liberan algo de su dolor autoinfligido al provocar dolor a quien sea más débil. El odio a Dios necesariamente conduce al odio al prójimo; es decir, a aquellos que tienen la imagen de Dios.

Como hemos notado, para entender el infierno se requiere, en esencia, entender la naturaleza de la mentalidad de esclavo. A veces, el amor y la esclavitud pueden confundirse entre sí porque, en la superficie, ambos implican el acto de dar al otro, de ceder poder al otro. Por lo tanto, si alguien te ama, podrías ser propenso a hacer lo que esa persona quiere. Si alguien te odia y tiene poder sobre ti, podrías ser propenso a hacer lo que esa persona quiere. Obviamente, si bien el resultado de ambos escenarios es el mismo, las motivaciones son diferentes por completo.

Amar implica *rendirse*, lo que significa sacrificar la voluntad en confianza y con generosidad a otra persona. Esto es lo que Dios hizo por nosotros al dar al mundo a su Hijo, Jesucristo. Y es lo que los cristianos están llamados a hacer todos los días uno por el otro.[2] La esclavitud, por otro lado, implica no rendirse, sino *someterse*: la coerción forzada de una voluntad superior sobre una inferior. Eso es lo que Satanás trata de hacerles a los seres humanos al tentarlos a pecar. Ese es también el tipo de esclavitud que continúa por toda la eternidad en el infierno. Ya sea que tome la forma de demonios que afirman su supremacía sobre los seres humanos o seres humanos que afirman su supremacía unos sobre otros, la clave para comprender las relaciones en el infierno es que unos intentan orientar toda la existencia de uno hacia uno mismo a expensas de la de otros.

Este concepto es relativamente fácil de entender, ya que vemos que algo similar ocurre entre nosotros. Pero, hay otro aspecto en las relaciones infernales que es más misterioso. Ya dijimos que entre los ladrones en el infierno no existe el honor. Eso es muy cierto. La elección de los reprobados por el egoísmo radical excluye cualquier cosa que se parezca a la verdadera amistad humana en el infierno. Pero eso no significa que no pueda haber *alguna forma* de cooperación entre ellos.

Recordemos un principio filosófico que mencionamos anteriormente y que tiene que ver con que en el infierno hay una cantidad mínima de bondad. Tomás de Aquino, basándose en el pensamiento de Aristóteles, creía que mientras hay vida, no puede haber una ausencia total de bondad. La razón es que la vida, en sí misma, es buena. No importa cuán horrible, depravada o terrible pueda ser, la vida siempre posee *cierto grado* de bondad. Si no hubiera aunque sea una pizca de ella, no habría vida, solo inexistencia.

Recordemos que no estamos hablando de la bondad moral, esa bondad que tiene que ver con seguir los mandamientos, arrepentirnos de nuestros pecados y amarnos unos a otros, sino que estamos hablando de la bondad metafísica; es decir, del bien *intrínseco* de la bondad, ese bien que tiene por virtud de su existencia.

Ahora, los seres humanos en el infierno tienen existencia. Viven y se mueven, y tienen su ser por el poder de Dios.[3] No hay forma de escapar de ese hecho. Dios les dio la existencia cuando los creó, y una vez que recibieron ese regalo, no se les puede quitar. No importa cuán bajo se hunda un ser humano, ni que incluso alcance las profundidades más bajas del infierno, tiene al menos la cantidad mínima de bondad metafísica. Un paso más abajo significaría la aniquilación. Y Dios *no* aniquila a ninguna creación que lleve su imagen y semejanza, a pesar de lo que algunos puedan afirmar.[4]

Pensemos en la bondad mínima en términos de una familia. Si un niño se enoja con su padre, querrá alejarse lo más posible de él. Si la casa donde viven tiene sótano, quizás querría ir a refugiarse allí. Y el sótano puede ser sombrío, oscuro, aterrador y lejos del brillo y el calor de la sala de estar y el resto de la casa, pero *todavía* es parte de la casa de su padre. Del mismo modo, los condenados en el infierno están completamente separados de Dios y, por lo tanto, están lo más alejados posible del cielo, el hogar de Dios. Han huido a las entrañas oscuras y los abismos de la creación, pero todavía son *parte* de ella y, por lo tanto, parte de la bondad de la creación está mínima y misteriosamente presente para ellos.

¿Qué significa todo esto en términos prácticos?

Lo siguiente: si una criatura posee el bien de la existencia, entonces tiene la capacidad de vivir esa existencia, incluso en el infierno. Su quehacer dentro de su entorno puede ser definitivamente desordenado, pero aun así, *podrá* funcionar. Si no tuviese esa capacidad, no estaría vivo. Muchos tienden a pensar en el infierno como una gigantesca cámara de tortura en la que todos están encadenados y sometidos a continuos castigos físicos, ahogamientos o alguna otra forma de tortura, haciendo imposible cualquier otro tipo de vida. Pero la realidad es bastante diferente. Dios no es un sádico de sangre fría. No tiene que levantar un dedo para torturar a los que están en el infierno. Todo el sufrimiento en el infierno es autoinfligido y viene como resultado natural de amar el mal y dejar a Dios atrás. Por lo tanto, los condenados, aunque sufren mucho dolor continuo, no son encerrados ni torturados. Aunque el fuego del infierno puede restringir sus actividades, todavía pueden vivir, respirar, moverse, pensar y, de alguna manera, continuar con sus vidas.

Por lo tanto, cuando se trata de relaciones en el infierno, es posible que un reprobado haga lo que tiene que hacer para funcionar, lo que incluye poder decir algo de verdad a los otros reprobados, incluso si es solo para el propósito de quejarse de sus enemigos comunes: Dios, los demonios y otros seres humanos. Significa que es posible que un reprobado trabaje con otro en la búsqueda de un objetivo común. Obviamente, ese trabajo en conjunto nunca podría resultar en una verdadera comunión, porque para que así fuese se requeriría sacrificio personal, amor y bondad moral genuina, virtudes ausentes en el infierno; no obstante, aun sería posible unirse de alguna manera.

En el libro 1 de *La república*, Sócrates pregunta si es posible que una banda de ladrones logre su propósito ilícito si actúan injustamente el uno contra el otro. La respuesta de sentido común es no. Para que un grupo de ladrones logre con éxito un atraco, al menos tendrían que ser sinceros entre sí de forma limitada durante un tiempo determinado. Eso está muy lejos del honor entre los ladrones, pero al menos es algo. La injusticia absoluta haría imposible lograr algo de manera cooperativa porque nunca podrían ponerse de acuerdo; al contrario, habría siempre un estado de guerra. Mientras más profunda sea la injusticia, más incapaz será el grupo de lograr algo.

La vida en el infierno estará justo por encima de esta línea básica de guerra sostenida. Habrá un grado mínimo de bien y, por lo tanto, un grado mínimo de justicia. Para todos los efectos, la anarquía reinará. Pero no la anarquía total. Cualquier esfuerzo *significativo* para cooperar necesariamente se frustraría. El objetivo principal de cualquier tarea acordada estaría condenado al fracaso, porque su ejecución procedería sin armonía. En otras palabras, puede haber comunicación en el infierno, pero nada como la conexión. Puede haber conspiración, pero nada como la colaboración. Puede haber algo en común, pero nada como la comunidad.

Pensemos en la mafia. La mafia es una organización de estafadores, traficantes, extorsionistas y asesinos unidos por intereses individuales más que organizacionales. Los mafiosos no se tienen aprecio genuino. En apariencia, pueden convivir como amigos, pero debajo de la superficie los domina una ira hirviente y un deseo implacable de ser y hacer más que el otro sin que les importe sobre quién pasar. Si se les estudia detenidamente, se descubrirá que la mafia no está organizada de manera estable por la simple razón de que sus miembros son egocéntricos, egoístas, traicioneros y violentos; esto no les permite establecer vínculos duraderos. Pueden llevar a cabo una convivencia cordial, pero están listos para matarse en cualquier momento. Por esta forma de ser tienen un gran parecido a los terroristas. Cada uno de esos rufianes está siempre buscando la manera de mover las piezas en su favor para estar del lado de los más fuertes. Si se trata de ejecutar a los más débiles, es una alternativa que no se piensa dos veces. El estilo de vida de la mafia tiene que ver con el poder y la intimidación, no con la creatividad y la colaboración.

La vida en el infierno es un poco como la vida de la mafia, solo que allí sus miembros tienen mucho menos capacidad para trabajar juntos de una manera productiva, porque tienen mucho menos voluntad.

La conclusión es esta: en el infierno, solo se podrían emprender empresas cooperativas modestas, tal vez la construcción de estructuras de algún tipo que puedan servir para un beneficio mutuo, pero no mucho más. Y aquí es donde se requiere el poder de la imaginación para llenar los espacios en blanco. ¿Podría haber puentes en el infierno que permitieran pasar de un precipicio a otro? ¿Podría haber pequeñas y pobres viviendas para dar algún tipo de protección en contra de los elementos que existan en ese ambiente hostil? ¿Podría haber algunos intentos de los reprobados por hacer o idear cosas que pudieran mitigar su sufrimiento en algún sentido? ¿Podría haber algún tipo de horrorosa ciudad de los condenados o algún tipo de colección dispersa de colonias reprobadas?

Es imposible decirlo. Sabemos sin duda que en el cielo habrá una ciudad de los bienaventurados y que quienes vivan allí tendrán el poder de moverse libremente con sus cuerpos glorificados. En el infierno, después de la resurrección, también habrá un componente físico en la vida, y es este el que hará que la idea de estructuras infernales no solo sea posible, sino, en la mente de este autor, probable.

Insisto, mientras haya algo bueno, algo de libertad, algo de comunicación, algo de cooperación, algún deseo de lograr un objetivo, puede haber un intento por parte de los condenados de crear algo. Los seres humanos, formados a imagen de Dios, son creativos por naturaleza. Aunque pueden estar condenados en el infierno a ser creadores defectuosos y fracasados, no hay nada en la teología cristiana tradicional que nos prohíba creer que todavía podrían intentar hacer cosas: paredes, sillas, refugios, carreteras y edificios. Sin embargo, la especulación más allá de este punto es inútil, excepto quizás para poetas como Dante o Milton.

No obstante, todo esto sigue siendo una mezcolanza de ideas desconectadas. Necesitamos tratar de unir los hilos sueltos del infierno. También hay una pregunta muy importante que todavía tenemos que responder: ¿es el infierno realmente para siempre? Hay quienes rechazan esta posibilidad; prefieren pensar y esperar que el infierno sea un lugar de castigo temporal o, al menos, que exista alguna *posibilidad* de que termine. Sin embargo, la naturaleza eterna del infierno es una doctrina clave del cristianismo. ¿Cómo podemos darle sentido? ¿Cómo debemos entender el concepto de tiempo en la eternidad? La mejor manera, tal vez, sea analizar la compleja cuestión de la eternidad en el marco de una pregunta en apariencia más simple: ¿cómo será realmente un día en el infierno?

Un día en el infierno

Sobre la cuestión del tiempo infernal

S i tuviera que decidirme entre discutir con un ateo que niega la existencia del infierno porque no cree en Dios, o con un creyente que rechaza la existencia del infierno porque no cree que Dios podría estar de acuerdo en que existiera un lugar tan horrible, escogería hablar con el ateo porque al menos existiría la posibilidad de que fuera franco en su posición. Por supuesto que estaría equivocado en su ateísmo, pero su sinceridad al menos haría posible un intercambio respetuoso de opiniones. Sin embargo, la situación con un cristiano que niegue el infierno sería algo muy diferente. Porque se estaría tratando con una persona que rechaza la estructura misma de su sistema de creencias y las mismas escrituras en las que se basa ese sistema de creencias. Puede ser una persona bien intencionada y empática, e incluso excepcionalmente inteligente, pero en última instancia seguiría siendo un cristiano que niegue su cristianismo y, por lo tanto, un traidor de su cristianismo. Decir esto parece casi una blasfemia, pero a veces es mejor rechazar las Escrituras por completo que intentar reescribirlas con el propósito de hacerlas más misericordiosas. En el primer caso, la persona demuestra una incredulidad en Dios. En el segundo, está tratando de *ser* Dios. Y esa es una dificultad mucho más insuperable.

El problema con los cristianos que enseñan que el infierno no es real, o que es temporal, o que existe en teoría, pero en la práctica nadie va allí (universalismo), o que cualquiera que tenga que ir allí es destruido por Dios y deja de existir (aniquilacionismo) es que todas contradicen rotundamente la enseñanza de Jesucristo. Ellos intentan reescribir los Evangelios.

Jesús nunca dijo: «Y los injustos entrarán en la casa de Dios y serán felices para siempre» ni «Los impenitentes serán destruidos y dejarán de existir». Más bien dijo, explícitamente, que hay un lugar llamado infierno (Gehena), que habrá personas que irán allí y que será para siempre. Al hablar sobre el sufrimiento en el infierno, lo describió como «castigo eterno»,[1] «fuego eterno»,[2] «fuego [que] no se apaga»,[3] y donde «los gusanos que los comen no mueren».[4]

Por supuesto, muchas de las cosas que Jesús dijo durante su ministerio terrenal se pueden interpretar de diferentes maneras. Pero no todas. Ciertas declaraciones que hizo simplemente impiden una mala interpretación. Las que tienen que ver con el infierno están en esa categoría. Por eso los apóstoles se hicieron eco de la enseñanza de Jesús al caracterizar el infierno como «llamas de fuego»;[5] «prisiones eternas»;[6] «fuego eterno»;[7] «eternamente la más densa oscuridad»;[8] «Humo de ese tormento sube por los siglos de los siglos»;[9] «el diablo, que los había engañado, será arrojado al lago de fuego y azufre, donde también habrán sido arrojados la bestia y el falso profeta. Allí serán atormentados día y noche por los siglos de los siglos».[10]

Y hay incluso más pasajes en el Antiguo y Nuevo Testamentos que *presuponen* la naturaleza eterna del infierno (para una lista de ellos, ver el apéndice).

No hay forma de escapar a este hecho. Se puede tratar de inventar una nueva religión en la que se omita la noción de un infierno eterno, pero no se puede reconocer a Jesucristo como el fundador de la fe y luego cambiar el significado de una de sus enseñanzas centrales. La verdad es que Jesús no podría haber sido más claro en lo que se trataba de la existencia del infierno o de su duración eterna. Cuando algunos teólogos escriben libros y artículos con los que intentan inyectar más «misericordia» a las palabras de Jesús, invariablemente terminan pasando por todo tipo de gimnasia lingüística e intelectual para probar su punto. Pero en sus esfuerzos por dar un salto mortal sobre las declaraciones inequívocas de Jesús, solo revelan su propia incomprensión de la misericordia.

No es misericordioso obligar a alguien a hacer tu voluntad para siempre. Los reprobados en el infierno no quisieron seguir la voluntad de Dios. No quisieron estar con Dios. No quisieron estar en el cielo o con los bienaventurados en el cielo. Su elección basada en su libre albedrío fue rechazar todo eso. No sería un acto de piedad ignorar sus deseos. C. S. Lewis dijo:

A la larga, la respuesta a todos los que se oponen a la doctrina del infierno es en sí una pregunta: «¿Qué le estás pidiendo a Dios que haga? ¿Borrar sus pecados pasados y, a toda costa, darles un nuevo comienzo, suavizando cada dificultad y ofreciendo cada ayuda milagrosa? Pero eso ya lo hizo. En el Calvario. ¿Perdonarlos? No serán perdonados. ¿Dejarlos solos? Por desgracia, me temo que eso es lo que hace».[11]

Sí, Dios deja a los que están en el infierno solos, con el destino que en realidad desean. Si alguien salta a propósito a un pozo profundo y tercamente se queda allí, no se puede culpar a Dios si resulta herido y se queda solo en la oscuridad. No se podría decir que su sufrimiento es una acción injusta y punitiva. Del mismo modo, si alguien con cirrosis hepática o pancreatitis crónica insiste en seguir bebiendo y, como resultado, experimenta un dolor agonizante, no puede decir que su sufrimiento es un castigo que Dios le infligió. Podemos sentirnos mal por esa persona y tratar de comprender la naturaleza de su adicción, pero eso no cambiará que ese dolor se lo originó él. Los que se van al infierno insisten en beber un veneno llamado rebeldía orgullosa a pesar de todas las advertencias claras que se han dado desde tiempos inmemoriales. Peor aún, lo beben hasta el momento de su muerte. Por lo tanto, llevan esa decisión y ese veneno con ellos a la eternidad y, aun así, continúan bebiéndolo. No se debe a la falta de la misericordia de Dios que continúen sintiendo dolor. Su rebeldía pecaminosa nunca se detiene, por lo que su castigo tampoco lo hace. Es así de simple.[12]

Los que niegan la naturaleza eterna del infierno simplemente no quieren aceptar que cada uno *tiene* la opción de hacer el mal y permanecer de manera obstinada en ese mal. Los reprobados van al infierno porque la alternativa —estar con Dios y hacer su voluntad—, no es aceptable para ellos. No es tanto que les encante estar en el infierno. No. Lo odian. Pero lo *prefieren* a lo que odian aún más: Dios y su reino de luz. Cuando mueren, su elección, como la de los demonios, se fija irrevocablemente. Quienes defienden el universalismo o el aniquilacionismo deben, al fin, negar las palabras de Cristo, la tradición docente de la iglesia de dos mil años, el concepto de la justicia infinita de Dios, la realidad del diablo y los demonios, la historia de la caída y la existencia del libre albedrío mismo. Una vez que eliminas el libre albedrío, toda la fe cristiana se desmorona. Nos referiremos más a esto en el último capítulo, pero, por ahora, entendamos bien este punto: el infierno es real y es para siempre.

Esto nos lleva a un tema aún más difícil. Comprender el concepto de cómo es la eternidad no es tan simple como establecer su verdad bíblica, porque involucra la cuestión de *tiempo*. Y este es, sin duda, un asunto muy espinoso.

Sabemos que Dios trasciende el tiempo y que no está sujeto a ninguna de las leyes de la naturaleza. Sabemos que no está restringido por el tiempo de ninguna manera. Sabemos que él ve toda la historia desde toda la eternidad. Para Dios, no existe tal cosa como pasado o futuro. Solo hay un presente eterno. Como dijo Jesús (que *es* Dios): «Antes de que Abraham naciera, yo soy».[13]

Tomás de Aquino dijo que deberíamos imaginar que Dios es como una persona parada en la cima de una torre de vigilancia «[abarcando] con una sola mirada toda una caravana de viajeros que van pasando». Así es como Dios ve todos los tiempos de nuestras vidas, con un simple vistazo.

Sin embargo, más allá de este principio teológico, el cristianismo siempre ha permitido un amplio margen intelectual a la hora de comprender la naturaleza del tiempo. De hecho, todo el tema del tiempo y la relación de Dios con él involucra algunos de los problemas más complicados y desconcertantes de la metafísica. Por ejemplo, hay quienes dicen que el tiempo es infinito, sin principio ni fin. Hay otros que están de acuerdo en que el tiempo es infinito, pero dicen que tiene un comienzo definido pero que no tiene fin. Incluso otros dicen que el tiempo es finito, tiene un principio *y* un fin.

Lo que quiera que sea el tiempo, la conexión de Dios con él es aún más problemática. ¿Está Dios dentro o fuera del tiempo? ¿O es de alguna manera ambas cosas? ¿Es el tiempo una creación de Dios, al igual que el mundo material, o es un tipo de creación completamente diferente? ¿Experimenta el propio Dios el tiempo de alguna manera? Sabemos que él está viviendo en un presente eterno y no está limitado por el tiempo, pero ¿ha *entrado* él en el tiempo de manera mística en virtud de su creación del universo y, más significativamente, de su encarnación en la persona de Jesucristo? ¿O ha sido la humanidad, en una forma aun más misteriosa, incorporada de alguna manera a la Trinidad y a la atemporalidad de la divinidad de Dios a través de Cristo?

Por último, incluso si llegamos a comprender el tiempo y la relación de Dios con él, existe la dificultad adicional de comprender el concepto de eternidad. Y aquí nos encontramos con otra compleja serie de problemas. Por ejemplo, hay una teoría del tiempo A y una teoría B, cada una de las cuales aborda preguntas como: «¿Es la eternidad un estado atemporal, sin sucesión ni duración o una secuencia de momentos, o es simplemente un tiempo interminable, sin ninguna conclusión, aunque similar al tiempo como nosotros lo apreciamos, con una progresión continua de momentos del pasado al futuro?

¡Eso es suficiente para que nuestras cabezas den vueltas! La verdad es que, incluso, si tuviésemos la mente de Albert Einstein combinada con la de Tomás de Aquino, y nos pasáramos la vida inmersos en este tema, aún no podríamos probar de manera concluyente ninguna teoría del tiempo y la eternidad. La lógica solo ayuda hasta cierto punto. Mientras vivamos en un universo tridimensional y experimentemos el tiempo momento a momento, simplemente no hay forma de que podamos saber con certeza cómo se sentirá la eternidad después de morir.

Quizás la forma más sencilla de dar sentido a este tema (desde un punto de vista cristiano) es postular que probablemente haya dos o hasta tres tipos de tiempo. El primero es lo que experimentamos en esta vida: tiempo solar o terrestre. El segundo es lo que experimentan los que han muerto: una especie de tiempo espiritualizado. Y el tercero es la forma única en que Dios mismo vive su propia divinidad. Pero ni siquiera podemos titular esta última categoría como «tiempo» porque es imposible para nosotros conceptualizar la naturaleza de la vida de Dios.

Podemos, sin embargo, tener una idea del tiempo espiritualizado de los muertos. A lo largo de los siglos, místicos cristianos —tanto católicos como protestantes— han experimentado los llamados períodos de éxtasis en los que afirman haber sido llenos del Espíritu de Dios e incluso estado en presencia de Dios o los ángeles o los bienaventurados en el cielo. Durante esos tiempos, parecían estar en un estado de trance, que a veces duraba horas o incluso días; pero, cuando el éxtasis terminaba, sentían como que solo habían pasado unos momentos. La experiencia de alguna manera los sacaba del tiempo corporal y los colocaba en un tiempo espiritualizado, que les parecía casi como una ausencia de tiempo. La euforia que sentían cuando estaban en presencia del tiempo divino «acelerado» era tanta que les parecía que los «relojes se habían detenido». Lo que les estaba ocurriendo, sin duda, tenía lugar en sus mentes y en sus almas, por lo que no sentían los efectos secundarios que produce el paso del tiempo, como aburrimiento, cansancio o sensación que genera un trabajo pesado. A veces tenemos una experiencia parecida cuando estamos en el proceso de hacer algo que realmente nos gusta. El tiempo pasa volando y apenas lo notamos. De hecho, el acto de amor siempre parece tener el efecto de acelerar el tiempo.

¿No crees que los bienaventurados en el cielo sentirán lo mismo *todo el tiempo* ahora que la fuente de todo amor está ahí mismo, justo delante de ellos?

A su vez, los que están en el infierno ¿no podrán sentir lo contrario dado que el amor está a una eternidad de distancia de ellos? ¿No tendrán que soportar, en lugar de la ligereza y la rapidez del paso del tiempo, una carga opresiva, densa, letárgica, molesta, agotadora, tediosa, laboriosa, que se mueve a ritmo de caracol, que es lo que a veces experimentamos en la tierra cuando nos sentimos desesperados porque tenemos que llevar a cabo algo que nos desagrada?

No quiero que malinterpreten lo que estoy diciendo. Que el tiempo espiritualizado pueda sentirse diferente al tiempo terrenal no significa que no existirá en absoluto. Existirá. La Biblia indica que el tiempo continuará después de que muramos,[14] y eso corresponde al sentido común. Después de todo (y como vimos en el capítulo 7), en un sentido, el tiempo es muy fácil de entender: es simplemente la medida del cambio. Tanto en el cielo como en el infierno, los seres humanos sabrán cosas, pensarán cosas, decidirán cosas y harán cosas. Todo eso presupone cambio. Eso será especialmente cierto después de la resurrección, cuando las almas humanas se reúnan con sus cuerpos. Si tenemos un cuerpo, ya sea glorificado o reprobado, seguirá siendo un cuerpo y, por definición, podrá moverse y actuar. Si algo puede moverse y actuar, entonces puede cambiar y, por lo tanto, debe existir en algún estado de tiempo. Eso es solo cuestión de lógica.

Como no podemos saber con certeza cómo se sentirá el tiempo en el infierno, es imposible describir con precisión un período específico de tiempo allí. ¿Se sentirá la vida en el infierno como un eterno aburrimiento y un trabajo pesado o algo que pasará rápidamente? ¿Habrá algo parecido a días, noches, meses y años o será solo un lapso ininterrumpido de infinito? Nadie puede decirlo. Sin embargo, dado que *habrá* algún tipo de secuencia y duración de momentos en el infierno, podría ser útil al menos intentar usar nuestra imaginación para reunir algunas de las cosas de las que hemos estado hablando en este libro.

Con ese objetivo presente, pensemos cómo sería un día en el infierno.

Como primera cosa, vamos a recordar que, si estuviéramos en el infierno, nuestro estado básico sería de rebeldía y desesperación. Eso es algo difícil de imaginar; no obstante, pensemos en una mañana cualquiera en la que al despertar, somos atacados por la sensación de un estrés abrumador. ¡Saber que tendremos que enfrentar todo tipo de problemas desagradables sin poder hacer nada para evitarlos! Es uno de los peores sentimientos del mundo: despertarse y sentir todo ese peso abrumador. Si alguna vez has tenido este despertar, probablemente estuvo acompañado de una buena dosis de resentimiento. Podrías haber pensado, *¿Por qué me tienen que ocurrir estas cosas precisamente a mí?* Es muy frustrante cuando no tienes a dónde ir y no hay forma de escapar. No hay esperanza, solo dolor y depresión.

Imagínate pasar por ese estado mental y luego tener que lidiar con dolencias corporales persistentes como dolores de espalda, de cabeza, en las articulaciones, en la rodilla, en el estómago. Quizás aún peor, dolores provocados por una enfermedad terrible como el cáncer. ¿Alguna vez has tenido que enfrentar ansiedad, tristeza e ira combinados con la agonía de una enfermedad física? Si te has sentido así, ¿no te fue difícil en tales circunstancias tratar con personas sanas, saludables, optimistas y alegres? ¿No ocurrió que sus rostros felices solo sirvieron para poner de relieve tu propia miseria?

Para los reprobados en el infierno, la gran confusión interna es el punto de partida de su día. Sufren mental, espiritual y físicamente. Sus cuerpos reflejan la depravación de sus almas; están muy deformados y enfermos al punto que casi no se reconocen. ¿Alguna vez te has mirado al espejo y te has sentido mal? Imagínate cómo te sentirías si no solo estuvieras engordando o envejeciendo o perdiendo tu cabello o luciendo más miserable, sino que además te vieras realmente grotesco y desfigurado de adentro hacia afuera.

Luego, después de ese reconocimiento de su sombría realidad, lo primero que los condenados verán cuando miren a su alrededor será la desolación del infierno. No sabemos exactamente qué será lo que ven, pero sabemos que lo que sea no será atractivo. Sabemos que consistirá en un mínimo absoluto de belleza. Sabemos que con un punto menos sería la inexistencia. Prácticamente hablando, nadie sabe cómo podría traducirse esta falta de belleza. ¿Será el infierno un lugar lleno de enormes y cavernosas aberturas en las rocas o estará formado por pequeños espacios claustrofóbicos en forma de ataúd en las profundidades de las entrañas de la tierra? ¿Tendrá desiertos áridos y paisajes inertes de grava y escombros o habrá colonias de chozas o casuchas decrépitas o incluso ciudades fantasmales y en ruinas? Cualquiera sea el caso, el infierno seguramente se verá sombrío y descolorido.

Ahora bien, ¿alguna vez has estado en un entorno desagradable? ¿En un ambiente que te haya deprimido? ¿En un clima que haya hecho que tu espíritu se agostara? ¿Día tras día tras día? ¿En un lugar lleno de ruidos escandalosos y olores a podredumbre? ¿Cómo te sentirías si vieras por las redes sociales a otras personas disfrutando de sus vacaciones, chapoteando en las piscinas, jugando en las playas, riendo y bromeando en las aguas azules del Caribe? Tal vez ver eso te haga sentir feliz al ver lo felices que son: si así fuera, me alegro por ti. Pero, por lo general, es difícil no sentir un poco de envidia y amargura. Así se sienten las personas en el infierno cuando piensan en los que están en el cielo.

Y luego está el tormento físico del fuego del infierno. Ese fuego, equivalente espiritualizado pero muy real del fuego terrenal: de alguna manera les azota la piel, los quema sin consumirlos, restringe sus movimientos y hace que el aire que respiran sea tóxico y doloroso. Esto es muy difícil de imaginar y, sin embargo, es una de las características clave del infierno: un entorno que lastima físicamente a sus ocupantes. ¿Alguna vez has estado en una sauna o baño de vapor muy caliente durante un período prolongado y te ha costado respirar? Piensa en lo que significaría estar atrapado en un lugar así durante horas sin nada fresco que beber. Piensa en la dificultad de tratar de inhalar; en la incomodidad que implica simplemente moverse. Ese es el tipo de atmósfera sofocante en la que los reprobados tienen que vivir todo el tiempo.

No van a sufrir solos. A pesar de su egoísmo fundamental y su deseo de estar solos, están rodeados por todas partes por otras criaturas que los desprecian. Primero, están los demonios, seres espirituales mucho más poderosos que los humanos. Si bien el sufrimiento también los atormenta a ellos, siguen siendo los amos-esclavos del infierno en virtud de su mayor fuerza. Si los reprobados experimentan algo parecido al tiempo terrenal, es de suponer que una buena parte de su día la pasan siendo maltratados por los demonios, tanto verbal como físicamente. El odio de los demonios hacia Dios y los humanos, así como su propia condición caída, se manifiesta en ese abuso de la misma manera que los seres humanos en la tierra desahogan su furia cuando están molestos. En realidad, lo único cercano al placer que sienten Satanás y los demonios es el acto sádico de imponer su voluntad a los más débiles que ellos, de causar dolor a las criaturas que aún conservan —incluso en ese lugar abandonado por Dios— la imagen y semejanza de Dios.

Durante el transcurso de este día, los demonios infligen dolor principalmente al someter a los reprobados humanos a castigos únicos que, en realidad, son una expresión de los mismos pecados que esos hombres y mujeres cometieron en la vida. Cómo hacen esto es puramente una cuestión de especulación. Pero las personas en la tierra que permanecen obstinadas e impenitentes con su orgullo, su infidelidad, su ira, su lujuria, su codicia, su envidia, su pereza y su glotonería son impulsadas por los demonios y por sus propias voluntades para actuar siempre de la misma manera —con esos deseos— en el infierno, solo que sin el placer que acompañaba el comportamiento pecaminoso en la tierra. Así, como se señaló anteriormente, los propios delitos se convierten en castigos.

Además de soportar el abuso de los demonios todos los días, los humanos en el infierno también deben tolerar la horrible presencia de sus compañeros reprobados. Al igual que los demonios, algunos humanos son más poderosos en voluntad, fuerza corporal y maldad que otros, y como resultado buscan ser los dominadores. La misma cultura esclavista que existe en la tierra se manifestará plenamente en el infierno. Los más fuertes infligirán dolor a los más débiles, no solo para liberar su propia hostilidad, sino también para obligarlos a cumplir sus deseos. ¿Cuáles son esos deseos? Quizás alguna gratificación de un apetito carnal, quizás alguna perversión infernal (carente de placer), quizás alguna tarea o forma de trabajo forzado. Es imposible decir otra cosa que no sea que la dinámica abusador-víctima siempre estará en juego.

Es probable que durante el transcurso de ese día haya una mínima cantidad de cooperación entre los condenados para lograr un fin común, como la construcción de un refugio o un camino; sin embargo, debido a que cada uno está tan inmerso en su propio ego, orgullo y egoísmo, cualquier intento de colaboración real está condenado al fracaso. Al anochecer, si hay noche en el infierno, cualquier esfuerzo cooperativo se habrá roto. Lo que se adapta muy bien a los reprobados. Después de todo, el verdadero objetivo de todos los humanos en el infierno es estar solos, alejándose de los demonios y de los demás, excepto en la medida en que la interacción les permita expresar su orgullo y su ira.

Al final, todo vuelve al orgullo y a la rabia.

Cuando se odia a alguien con un engreimiento apasionado, como los que están en el infierno odian a Dios, todo gira en torno a ese odio. En la tierra, esto lo vemos a veces cuando alguien se siente muy perjudicado. Puede obsesionarse con la idea de causar daño a quien lo perjudicó. Los periódicos lamentablemente están llenos de tales ejemplos. En el libro *Moby Dick*, el capitán Ahab está obsesionado con su odio por una ballena blanca, a quien considera responsable de haber perdido una pierna. A Ahab no le importan su barco, su tripulación, su vida. Lo único que le importa es su intento de perseguir a la ballena y acabar con ella. En el infierno, los reprobados se entibian, calientan y hierven, como Ahab. Pasan sus días y noches pensando en los males que han sufrido y en su propio orgullo herido. Reproducen en sus mentes las grabaciones de esos agravios una y otra vez, sumiéndose en un frenesí aún mayor, para que al final lleguen al mismo grito de angustia: «No me importa cuánto tengo que sufrir, odio a Dios. Odio todo lo que es y todo lo que hace. Odio a todas las personas felices y malditas en el cielo. Odio a los ángeles. Odio a los demonios. Odio a estos otros seres humanos repugnantes. Odio mi vida. Quiero hacer lo que quiera. Insistiré aquí para siempre antes de volver a arrastrarme hacia ese monstruo malvado que me hizo y me arruinó. No me importa el dolor. ¡No me importa el infierno! No me importa nada, ¡solo importo *yo*!».

Y así continúa. Día tras día. Año tras año. Siempre la misma desesperación. Siempre el mismo resentimiento. Siempre el mismo arremeter iracundo. Toda una vida de lunes infernales. Toda una vida llena de furia.

Catorce

El infierno en la tierra

Asiento preferencial para un combate inmortal

Hasta este punto, solo hemos hablado del infierno como una realidad futura, como un lugar donde los pecadores rebeldes, infieles e impenitentes van después de su muerte. Pero esa no es toda la historia. El infierno también puede ser parte del presente. En realidad, es similar al cielo en ese aspecto.

En los Evangelios, Jesús dice: «El reino de los cielos está cerca».[1] Con eso quiso decir que al confiar en él con la «obediencia de la fe»,[2] podemos gustar el cielo ahora. Las Escrituras nos dicen que Cristo está realmente *en* nosotros, que él es nuestra «esperanza de gloria»[3] y que nos capacita para andar en el camino de sus mandamientos. Por lo tanto, la gracia no solo es una ayuda invisible de Dios, sino que también es una condición interior o cualidad del alma que representa el comienzo de la vida eterna. Se podría decir que representa la semilla de nuestras vidas en el cielo y que comienza a florecer durante nuestra vida en la tierra. Una persona que vive en unión con Dios puede experimentar muchas de las alegrías del cielo en el momento presente, sin importar cuál sea su situación, e incluso si está sufriendo terriblemente. Como dijo el apóstol Pablo, Dios tiene el poder de darnos una paz que «sobrepasa todo entendimiento».[4]

Sin embargo, desafortunadamente, además de un reino de los cielos, también hay un reino del infierno, y también representa una condición interna del alma y una forma de vida que nos puede dar un anticipo del futuro, el futuro de los condenados.

Ya hablamos sobre Satanás y su cohorte de ángeles caídos y cómo esos demonios continúan rebelándose contra Dios hoy. Básicamente, tienen dos formas de hacer eso. Una es tratar de hacer de la vida de los seres humanos un infierno en la tierra. La otra es inducir al mayor número posible de seres humanos a ir al infierno después de su muerte.[5]

¿Por qué querrían hacer eso?

Todo se remonta a su odio a Dios. Los demonios quieren ofender a su creador. Quieren lastimarlo. Quieren burlarse de él. Pero no pueden hacer eso directamente porque Dios es todopoderoso, o como dicen los teólogos, es impasible, lo que significa que no puede sufrir daño alguno.[6] Por lo tanto, los demonios hacen lo que *sí* pueden: tratar de causarles daño a los hijos de Dios.

Si tú que lees eres padre, entonces seguramente entiendes este razonamiento. ¿Qué es lo peor que alguien podría hacerte? ¿No es atacarte a través de tus hijos? ¿No es causarles daño? ¿No es amenazarlos? Pues, nosotros *somos* hijos de Dios. Estamos hechos a su imagen y semejanza. Y aunque Dios tiene una naturaleza divina a la que no se le puede infligir daño, también tiene una naturaleza humana. Los cristianos creemos que Jesús es completamente Dios *y* completamente hombre. En su naturaleza humana, Dios en realidad es capaz de sentir pena. En su naturaleza humana se le puede herir. Cuando Jesús anduvo en la tierra hace dos mil años, lloró ante la muerte de su amigo Lázaro. Hoy, ese mismo Jesús que lloró por Lázaro vive en el cielo y puede llorar por nosotros. Esta es una de las grandes paradojas del cristianismo. Dios es todopoderoso, pero de alguna manera misteriosa todavía puede experimentar sufrimiento. Y sufre más cuando atacan a sus hijos. Entonces, si el diablo realmente quiere arremeter contra Dios, ataca a los seres humanos.

¿Cómo lo hace?

Una forma muy conocida es a través del fenómeno de la posesión demoníaca. Tanto los católicos como los protestantes creen en la malevolencia y el poder de los demonios. El Nuevo Testamento no podría ser más claro en este sentido. El diablo es una amenaza muy real, como advirtió el apóstol Pedro: «Practiquen el dominio propio y manténganse alerta. Su enemigo el diablo ronda como león rugiente, buscando a quién devorar».[7] En los Evangelios, vemos que, con frecuencia, Jesús y sus apóstoles encontraron casos genuinos de posesión.[8] Asimismo, Pablo realizó varios exorcismos durante su ministerio.[9] La historia de la iglesia primitiva está llena de esos casos. Negarlo sería reescribir las Escrituras.

Hoy, el diablo continúa teniendo poder para asumir el control del cuerpo de una persona desde adentro. Como sabemos por las enseñanzas de los padres de la iglesia y otros teólogos cristianos, el alma misma nunca puede ser poseída o privada de libertad, pero las acciones del cuerpo físico pueden estar influenciadas por espíritus demoníacos, especialmente si la persona da su consentimiento en términos de su indulgencia con el mal diabólico.

En la actualidad, esto es muy raro. La mayoría de los casos de posesión reportados no son reales, sino simplemente debido a problemas mentales o emocionales. Sin embargo, la existencia de anormalidades psicológicas no es la única razón para que haya menos casos de posesión demoníaca. Otro factor es que el plan de juego del diablo ha cambiado con el tiempo. Mucha gente hoy ha perdido la fe en Dios. Se han vuelto escépticos, agnósticos y ateos, y esa es una manera muy buena y fácil para que el diablo los guíe fuera del camino al cielo. El demonio tampoco tiene que poseer los cuerpos de las personas para causarles sufrimiento. A decir verdad, ¿por qué habría de molestarse en poseer personas en tiempos tan secularizados como los actuales, cuando probablemente con ello lo que conseguiría sería que aumentara la creencia general de que Dios existe? Después de todo, ¿no sería más probable que un agnóstico termine creyendo en la existencia de un mundo espiritual invisible a través de un caso real de posesión demoníaca si ve platos volando, muebles que se mueven solos o alguien vomitando secreción verde? ¿No conseguiría que el agnóstico termine creyendo en la existencia del diablo y, en consecuencia, en Dios? Desde el punto de vista del diablo, la mejor manera de llevar a una persona al infierno es apagar su fe en lugar de fortalecerla con manifestaciones de poder sobrenatural. Como alguien observó hace mucho tiempo, el objetivo del diablo es hacer que la gente crea que *no existe*, y su estrategia es permanecer completamente oculto y anónimo. Si el nombre elegido por Dios es *Yo Soy*, el del diablo bien podría ser *Yo no soy*.

Por lo tanto, poseer a una persona, aun cuando esa persona atraiga esa posesión, parece bastante contraproducente para los objetivos del diablo y sus demonios.

Mucho mejor y más efectivo que la posesión es el intento del diablo de *tentar* a las personas a creer ciertas cosas y a que actúen de ciertas formas pecaminosas. A esto es a lo que Pablo se estaba refiriendo principalmente cuando dijo: «Porque nuestra lucha no es contra seres humanos, sino contra poderes, contra autoridades, contra potestades que dominan este mundo de tinieblas, contra fuerzas espirituales malignas en las regiones celestiales».[10]

Como lo expuse más a fondo en mi libro *Inside the Atheist Mind* [Dentro de la mente de un ateo], desde el momento en que la serpiente tentó a nuestros primeros padres en el jardín del Edén, las fuerzas espirituales oscuras han tratado de engañar, herir, humillar, burlarse y asesinar a los seres humanos. Su estrategia siempre ha sido la misma: usar el engaño para convencerlos de abusar de su libertad y hacerles pensar que pueden tener todo el poder que desean si solo ignoran la voluntad de Dios. El punto de la historia de la caída del hombre no es que Adán y Eva comieron una fruta que les había sido prohibida, sino que por instigación del diablo decidieron libremente darle las espaldas a Dios con una orgullosa desobediencia y la pretensión de *convertirse en dioses*. Y como resultado de esa decisión egoísta, entraron en el mundo el pecado, el sufrimiento y la muerte.[11]

Lo que es tan aterrador sobre la tragedia de la caída del hombre es que hoy existe la misma dinámica diabólica. En realidad, no ha cambiado nada. Detengámonos por un momento en la siguiente estrategia satánica.

En el centro del cristianismo está el concepto del arrepentimiento. El arrepentimiento significa lamentar el pecado, y lamentar el pecado implica alejarse del mal y volver a Dios. Por lo tanto, el arrepentimiento representa un giro de ciento ochenta grados en cuanto al pecado del orgullo, al pecado original cometido por el diablo, sus demonios y por nuestros primeros padres en el Edén. El arrepentimiento es un ataque frontal a nuestra naturaleza rebelde y una señal de verdadera fe. Los cristianos creen que esa vuelta a Dios en fe es un prerrequisito absoluto para entrar al cielo y lograr la unión completa con Dios.[12]

Los cristianos también creemos que Dios ha hecho que el arrepentimiento sea algo fácil. En efecto, si el pecado te ha alejado de Dios, todo lo que tienes que hacer es decirle: «Perdóname» y Dios te perdonará, sin importar el tipo de pecado ni las veces que lo hayas cometido. No queremos entrar en los predios de la teología de la redención, pero la conclusión es que debido al sacrificio de Cristo en la cruz, Dios ha facilitado lo que tiene que ver con perdonar nuestros pecados. Es más, él ya ha hecho todo el trabajo pesado de la redención por nosotros;[13] por eso, todo lo que tenemos que hacer es pedir perdón con sinceridad y él lo concederá.* La esencia del evangelio cristiano es la misericordia.

Algo tan sencillo tiende a complicarse porque el diablo, enemigo de Dios y enemigo de nosotros, también comprende el concepto del perdón. El diablo no es tonto. Él puede leer la Biblia tanto como nosotros. Y como «su negocio» es la tentación, es muy consciente de que la persona a la que él está tratando de alejar de Dios puede frustrar todos sus planes con una sencilla solicitud de perdón. Así es que, ante esa posibilidad, cambia su estrategia para asegurar que la persona a la que está tentando no se arrepienta en el primer lugar.

Cuando lo examinas a fondo, el diablo no tiene un plan complicado para ganar almas. De hecho, es muy simple. Para conseguir su propósito, hace uso de tres creencias o actitudes que él y sus demonios intentan que cada ser humano adopte. Veámoslas.

Primero, está el ateísmo, que obstruye toda posibilidad de arrepentimiento. La estrategia es obvia. Si no crees en Dios, ¿a quién le vas a pedir perdón? Si nadie te está viendo o escuchando, ¿por qué disculparte por los pecados que cometes?

Si eso no funciona, el diablo tiene una segunda táctica. Si no puede lograr que dejes de creer en Dios, intentará que no creas en la misericordia de Dios. Esta forma de pensar y sentir se conoce como desesperanza, y la manera en que el diablo trata de hacerla efectiva en las personas es susurrándoles cosas como «puede haber un Dios, pero tus pecados son tan terribles que él

---

* Las diferentes tradiciones tienen formas distintas de expresar arrepentimiento. Por ejemplo, la Iglesia Católica tiene un sacramento adicional de reconciliación.

nunca te perdonará; así es que sigue haciendo lo que estás haciendo, porque de todos modos ya estás perdido». Este es un método extraordinariamente efectivo para destruir almas, y para el diablo es muy fácil emplearlo porque los seres humanos tenemos la tendencia a caer en los mismos pecados una y otra vez. No le cuesta mucho inyectar la idea en nuestras cabezas de que no hay esperanza, que no tiene sentido acercarse a Dios porque está muy enojado con nosotros.

Si ambos métodos fallan, hay todavía un tercero sumamente efectivo que se puede usar. El diablo intentará convertirnos en relativistas morales, que es el sistema ético que dice que no existe la verdad objetiva. Que somos libres de hacer nuestras propias reglas y prescindir de los mandamientos bíblicos. El diablo tratará de hacernos adoptar este tipo de pensamiento diciendo cosas tales como: «¡No sean tontos! *Ustedes* pueden decidir qué está bien y qué está mal. Toda moral es relativa. Ustedes son los únicos que pueden decidir lo que es verdad para ustedes y no dejen que ningún libro, iglesia o dios decida por ustedes lo que es mejor para sus vidas».

Esta es, por supuesto, la misma mentira que usó la serpiente en el jardín del Edén, la misma filosofía que sedujo a Adán y a Eva; es la idea del superhombre de Nietzsche, un antídoto extremadamente potente contra el arrepentimiento. Cuando los seres humanos adoptan el relativismo moral, no es necesario que se arrepientan de sus pecados, porque no creen que hayan cometido pecado alguno; y como no creen que el pecado existe, entonces, ¿de qué disculparse si no hay nada de qué lamentarse? Cuando con este o los otros dos argumentos el diablo logra convencer a los seres humanos, ha alcanzado su objetivo.

Es muy importante, como ves, comprender la brillantez del enemigo con el que estamos luchando. No olvidemos que las dos palabras principales que se usan para él en las Escrituras

—Satanás y diablo— significan adversario, acusador o el que dispersa. La Biblia también lo llama «mentiroso», «el padre de las mentiras» y «asesino desde el principio».[14] Estas no son palabras y frases vacías. Representan la verdad más profunda sobre el maligno. Representan cualidades que son diametralmente opuestas a lo que Dios es. Nuestro Dios es el Dios de la vida abundante, el Dios de la verdad, el Dios que reúne a su pueblo en una familia, porque él *es* una familia en sí mismo: Padre, Hijo y Espíritu Santo.[15] El diablo hiere a Dios de manera más efectiva al tentar a los humanos para que hagan cosas completamente contrarias a todos esos atributos divinos. Por lo tanto, cada vez que vemos falsedades o señalamientos con el dedo índice o chismes maliciosos o peleas en familias o asaltos a la idea de la familia misma o cualquier tipo de ataque contra la vida humana inocente, el diablo casi siempre está en eso.

Y observando el mundo en que vivimos hoy, es difícil argumentar que el diablo no ha venido haciendo un gran trabajo. No solo vemos multitudes que deciden apartarse de la fe en Dios y del concepto mismo del arrepentimiento, sino que también vemos los efectos de esas decisiones por todo el mundo. Estamos atrapados en una cultura de engaño ateo, desesperación, relativismo y muerte. Y el resultado ha sido justo lo que dijimos al comienzo de este capítulo que sería: un anticipo del infierno.

Basta con observar los hechos. Las tasas de criminalidad se han disparado. Los asesinatos, las violaciones y los incidentes de abuso infantil están en su punto más alto. Del mismo modo, la adicción al alcohol, las drogas y la pornografía van en aumento. La tasa global de divorcios ya va por el cuarenta y cuatro por ciento, con un aumento del 251.8 % desde 1960. La cantidad de suicidios es impactante, más de un millón al año. Cada cuarenta segundos alguien en el mundo se quita la vida. Los abortos a nivel mundial son del orden de los quince millones al año, mil millones desde principios de los años sesenta. El recurso de la eutanasia y el suicidio asistido para quitarles la vida prematuramente a adultos y niños, con o sin enfermedades terminales, se está convirtiendo en rutina global.[16] Como sociedad, estamos hasta el cuello con sangre inocente.

Por supuesto, la cultura de la muerte y la desesperanza es algo más que solo estadísticas. Como ya hemos visto, se trata de la cautividad por el pecado. Los seres humanos pierden su libertad al abusar de ella. Al perder las leyes de Dios y adoptar la actitud rebelde del diablo, nos hemos convertido por consecuencia en una raza de esclavos.

Y con esa esclavitud ha llegado una gran cantidad de otras aflicciones, todas ellas procedentes directamente del infierno: estrés, miedo, desolación, vacío, soledad y desesperanza. En el siglo veintiuno, a pesar de nuestra prosperidad económica y los avances tecnológicos, no somos gente feliz. Por el contrario, somos un mundo sumido en la miseria y en la ansiedad.

Quizás hayas experimentado algo de esto en tu propia vida. Sé franco. ¿Cuál ha sido el resultado cuando has dejado el camino recto por un período de tiempo prolongado y te has permitido cometer pecados de cualquier tipo? ¿No es cierto que las cosas han tendido a desmoronarse a tu alrededor, incluidas tus relaciones? ¿No se ha introducido el caos en tu vida? ¿No te has sentido abrumado por sucesos que de otro modo podrías haber manejado fácilmente? Hay una razón para eso. La naturaleza misma del pecado es desorden y desintegración. Esto se debe a que el pecado representa una ruptura de los lazos con Dios, que *es* orden.[17] Por lo tanto, si persistes en rebelarte contra el orden, es inevitable que seas víctima de un gran desorden.

Ahora bien, el efecto más común de esta ruptura del orden es el *miedo*. Cuando no te va bien moralmente, y lo sabes, pero sigues pecando, comienzas a experimentar un profundo temor por la vida. Recuerda esta verdad teológica: el diablo es un maestro en terrorismo. Su objetivo es aterrorizarte. Además, es un enemigo despiadado y un oportunista que siempre te ataca en tu punto más débil, ya sea mental, emocional, psicológico, espiritual o una combinación de los cuatro. El diablo intentará cultivar en tu alma un miedo por tu familia, un miedo por tus finanzas, un miedo por tu salud, un miedo por todo lo que es importante para ti. Sobre todo, intentará convencerte de que no tienes la capacidad de lidiar con tus problemas, de que no tienes lo necesario para superar los obstáculos que enfrentas, ni siquiera con la ayuda de la gracia.

El ciclo diabólico de la tentación se desarrolla así:

1. El diablo usa mentiras para empujarte a que te rebeles contra Dios a través del pecado.
2. Luego usa tus pecados reiterados para convertirte en un esclavo de ellos.
3. Después de que te ha esclavizado por un período de tiempo, hace todo lo posible para convencerte de que no tienes poder para derrotar tus pecados, así como cualesquiera otros desafíos en tu vida.
4. Esto lleva a la desesperanza, lo que a su vez te lleva a pecar aún más (después de todo, ¿por qué molestarse en resistir?) y a más miedo, más desorden y más desesperación.

Esta es la estrategia perversa que el diablo y sus demonios emplean con los seres humanos de todas las edades y en todos los segmentos de la sociedad. Y es una leve insinuación de cómo será la vida en el infierno: una vida de miedo, compulsión, desesperanza, desolación, miseria y esclavitud.

El objetivo general del diablo es mantener este ciclo todo el tiempo que pueda, hasta que mueras. El instante de tu muerte es lo que más le preocupa. Aun cuando él disfruta causándote dolor e incitándote a pecar contra Dios a lo largo de tu vida, el momento de la muerte es realmente el instante de la verdad, tanto para él como para ti. Ese momento es el último lanzamiento al último bateador en la última entrada. Es la última jugada del cuarto final. Es el cierre del telón en el último acto de la obra. Es la batalla final que definirá la guerra. ¿Se convertirá todo el tiempo y esfuerzo que el diablo pasó trabajando para cultivar el mal en tu alma en humo mientras yaces en un lecho de muerte con una conversión llena de fe o pagará dividendos infernales por toda la eternidad?

¡Si solo pudieras imaginar la batalla que se libra alrededor de un ser humano poco antes de la muerte! ¡Si solo pudieras ver la guerra espiritual que ocurre! El cristianismo enseña que ese es un tiempo de actividad extraordinaria e invisible. Por un lado, se lleva a cabo un combate inmortal entre el diablo y sus demonios; por el otro, está la gracia de Dios y, en el medio, el libre albedrío del ser humano. Cada vez que alguien muere, cualesquiera sean las circunstancias, sin importar si es el resultado de una larga enfermedad o una tragedia repentina, el alma de uno de los hijos de Dios está en juego, y hay una campaña furiosa en ambos lados para ganarla.

Recuerda esto cuando te sientas en peligro de ser atrapado por el pecado. Si el diablo puede hacer que sigas rebelándote sin arrepentirte, que continúes desesperanzado sin esperar, que sigas incrédulo sin confiar hasta el final, entonces tu elección definitiva contra Dios se fijará para siempre en el momento en que tu alma abandone tu cuerpo. Habrás tomado la decisión de ser esclavizado permanentemente en una orgullosa impenitencia. Y luego, no importa qué bien hayas hecho antes, las fuerzas de la oscuridad te tendrán.

¡Pero espera! El telón aún no ha descendido. Al final de *Canción de Navidad*, Ebenezer Scrooge —protagonista de la novela de Charles Dickens (1843)— le pregunta al Fantasma de la Navidad Futura si las escenas que les ha estado mostrando son las sombras de las cosas que *serán* o *podrían ser*. Pero, cuando se refiere al tema del infierno, la respuesta a esa pregunta —para aquellos de nosotros que todavía estamos vivos— es siempre la última. Mientras haya vida, hay esperanza. Antes de finalizar este recorrido, debemos centrar toda nuestra atención en este punto sumamente importante.

¿Pasaporte al infierno?

Decídete si vas a hacer el viaje o no

Sí, si estás leyendo estas palabras, todavía queda tiempo. Dios no desea que nadie vaya al infierno.[1] No hay absolutamente ningún pecado en el mundo que no pueda ser perdonado, excepto la impenitencia final, es decir, el pecado de no querer ser perdonado. Ese es el pecado imperdonable contra el Espíritu Santo del que habló Jesús en los Evangelios.[2] Y es imperdonable, no por causa de Dios, sino del hombre. El Espíritu Santo es el espíritu de la misericordia. Si rechazas esa misericordia, entonces no hay nada que se pueda hacer al respecto, ni siquiera Dios todopoderoso.

Cometen un error fatal los que piensan que son demasiado pecadores para ser perdonados. Ese tipo de escrupulosidad no es más que orgullo. ¿Pensarán realmente esos «demasiado pecadores» que sus pecados son más grandes que la misericordia de

Dios? ¿Más grandes que su gracia? ¿Más grandes que su poder? Si alguien cree eso, ¡más le vale que se despierte y deje la arrogancia a un lado! Como he dicho y como otros escritores espirituales lo han dicho mucho mejor que yo a lo largo de los siglos, una gota de la sangre de Cristo es suficiente para lavar los pecados de mil millones de universos.

Pon atención a esto que te voy a decir: a lo largo de tu vida espiritual, siempre vas a experimentar contratiempos, caídas y fallos; siempre tendrás que lidiar con el orgullo, la carnalidad y los otros pecados capitales; siempre tendrás que lidiar con problemas habituales o compulsivos y las muchas cosas en la vida que desencadenan tal comportamiento. Pero no importa lo que hagas, siempre y cuando desees sinceramente volver a Dios, puedes ser perdonado. Como dice la Biblia: «Vengan, pongamos las cosas en claro —dice el SEÑOR—. ¿Son sus pecados como escarlata? ¡Quedarán blancos como la nieve! ¿Son rojos como la púrpura? ¡Quedarán como la lana!».[3] Y como dijo el gran Fulton Sheen, no importa qué pecado hayas cometido o cuántas veces lo hayas perpetrado, no eres la peor persona del mundo; la peor persona del mundo es la que piensa que es la mejor.[4] Si eres lo suficientemente humilde como para reconocer que no has alcanzado el nivel al que Dios quería que llegaras y necesitas perdón, entonces no irás al infierno. Punto. En el fondo, una vida espiritualmente exitosa es aquella en la que te arrepientes cada vez que pecas, y vuelves a levantarte después de la última caída.

Así que, cuando lleguemos al final de este libro sobre los horrores del infierno, recuerda esto: no pienses nunca que no hay esperanza para ti. En esta guerra contra el infierno, tenemos la seguridad de la victoria *mientras estemos dispuestos a luchar.* En efecto, Dios ha puesto los requisitos extremadamente mínimos en lo que se refiere a entrar al cielo. Como hemos dicho, su Hijo Jesucristo ya ha llevado a cabo la parte difícil del trabajo de redención que nos correspondía hacer a nosotros. Al morir en la cruz y resucitar de entre los muertos, nos ha dado el antídoto contra la muerte eterna. Todo lo que tenemos que hacer es tomarlo. Y una de las principales formas de tomar ese antídoto es asegurarnos de que lo lamentamos cada vez que pecamos.

Al mismo tiempo, si bien debemos comprender que el propio nombre de Dios es misericordia, no podemos ni por un momento prestar oído a los escépticos que dicen que el infierno no existe y que, por lo tanto, nadie va allí. Creer eso sería un error enorme y potencialmente mortal. El infierno, como el cielo, es real.

Te invito a que leas el apéndice al final de este libro donde encontrarás todos los versículos de la Biblia que hablan categóricamente sobre el infierno, el diablo y los demonios. Léelo con calma, con cuidado y sinceridad, como persona de fe. Después de leer la última cita, pregúntate: ¿creo realmente que todas estas citas bíblicas no son más que *simbólicas*? ¿De verdad creo que ninguna de ellas corresponde a la verdad literal?

¡Qué arrogante sería creer que Dios se ha equivocado al decir lo que dijo o que, simplemente, ha mentido en tantas y tan variadas ocasiones! Dios no miente ni se equivoca, y en un asunto tan serio como este, en verdad, no nos engañaría por negligencia.[5]

A decir verdad, no solo las palabras de Jesús y las claras enseñanzas de su iglesia durante dos mil años dan testimonio de la existencia real del infierno, sino que también lo hace el sentido común. También lo hace la razón.

¡Sígueme aquí! ¿Qué fin tendría todo el sufrimiento y las angustias que tenemos que pasar en la vida si no hubiera nada importante en juego? Si, al final, Dios simplemente dijera: «Muy bien, todos pueden venir al paraíso, incluso los que nunca me quisieron, los que me rechazan, los que son tan orgullosos que ni siquiera admiten que han pecado. Vengan todos porque tendremos una gran fiesta. Ya está todo perdonado».

Si ese fuere el caso, ¿qué sentido habría tenido que Jesús sufriera una muerte tan dolorosa en la cruz? ¿Por qué molestarse en pasar por la humillación de experimentar la encarnación y la pasión? El cristianismo siempre ha enseñado que una de las principales razones por las que Dios se hizo hombre y soportó tanto dolor y tanta angustia fue porque las consecuencias del pecado así lo requerían. Su muerte mostró en términos inequívocos que «la paga del pecado es muerte».[6] Necesitamos comprender cuán serio es rebelarse contra Dios. Tan serio es que requirió el sacrificio cruento de su único Hijo para redimirnos.

Cada vez que te rebeles contra Dios, cada vez que pases por algún tipo de terrible miedo, congoja o aflicción, siempre podrás mirar a la cruz y decir: «Dios odia tanto al pecado y la muerte que pasó *por eso* para salvarnos. Pasó *por eso* para darnos vida eterna, vida que será nuestra para siempre en la medida en que tengamos fe en él y volvamos a él cuando caigamos y tratemos de imitarlo lo mejor que podamos».

¿Qué fin tendría todo el sufrimiento y las angustias que tenemos que pasar en la vida si Dios simplemente entregara pases gratuitos al cielo a personas sin fe, sin que se hayan arrepentido o que estén llenas de orgullo? ¿Por qué habría de haberse molestado en pasar por la agonía de esa horrible crucifixión? ¿Por qué hacernos pasar a nosotros por la obscenidad del sufrimiento y la muerte? ¿Qué tan serio sería rebelarse contra Dios si él siempre tuvo la intención de permitirnos ser tan malos como nos diera la gana y a pesar de todo eso otorgarnos un pase cósmico que nos permitiera salir de la cárcel?

Entender este punto es vital. Si quitáramos el pecado, el infierno y el diablo, como pretenden algunos teólogos liberales, estaríamos haciendo tres cosas. Primero, despojaríamos a los humanos del libre albedrío. Segundo, nos estaríamos burlando de la voluntad de Dios. Tercero, estaríamos quitándole a la vida en este planeta cualquier sentido real. Después de todo, ¿dónde está el valor de una prueba si no hay posibilidad de fallar? ¿De qué sirve un juego si no hay posibilidad de perder? ¿Cuál es la gracia de una aventura si no hay posibilidad de incurrir en algún tipo de riesgo?

Pablo les dijo a los judíos que no creían en la resurrección: «Si los muertos no resucitan, comamos y bebamos, que mañana moriremos».[7] Lo mismo podría decirse hoy respecto de los cristianos que niegan la existencia del infierno y creen, en cambio, en el universalismo o el aniquilacionismo. «Si no hay posibilidad de ir al infierno, entonces pequemos tanto como queramos. Comamos, bebamos, alegrémonos, engañemos a nuestros cónyuges, robemos todo lo que podamos, violemos a quien queramos, asesinemos a quienes se interpongan en nuestro camino, deleitémos cada pensamiento desagradable o perverso que se nos ocurra y luego, cuando ya hayamos hecho todo eso, riámonos de Dios en su cara, burlémonos de su evangelio y maldigámoslo. ¡Hagamos lo que queramos! Después de todo, no hará ninguna diferencia ¡porque de todos modos, iremos al cielo!».

Insisto, si no hay una opción real entre el cielo y el infierno, ¿por qué Dios nos haría pasar por el infierno que es este mundo loco? Si se eliminara el infierno, se terminaría trivializando la vida. Nada justifica el sufrimiento humano a menos que haya algo *por lo cual* sufrir. Que el sufrimiento nos purifique, nos prepare, nos pruebe, nos fortalezca y nos haga mejores cristianos, solo tiene sentido en la medida en que realmente haya algo que ganar y algo que perder. Si se quitara la posibilidad del infierno, se le estaría quitando al sufrimiento todo su sentido; y si se le quitara todo el sentido al sufrimiento, se le estaría quitando todo el sentido al amor, a la honra y a la compasión. Se estaría haciendo de todos los sacrificios de la vida una broma absurda. Si al final de los tiempos, Dios agitara una varita mágica e hiciera felices a todos para siempre, o si convirtiera las almas malas en una bocanada de humo, todo no habría sido otra cosa que un juego arreglado desde el principio. El mal realmente no tendría consecuencias y no existiría la justicia o el libre albedrío.

La conclusión es esta: si no eres libre de elegir el mal, con todas sus terribles derivaciones, entonces no eres realmente libre.

Y nosotros *sabemos* muy bien que somos libres. Sabemos que en cada momento de nuestra vida tenemos la necesidad y la capacidad de tomar decisiones realmente malas. Todo el sentido del cristianismo es que podemos elegir nuestro destino, que podemos optar a favor o en contra de Dios. Hoy es más fácil que nunca visualizar esas líneas. Solo echemos un vistazo a la guerra espiritual que se desata a nuestro alrededor. Cada uno de los mandamientos está bajo ataque. La moral cristiana está bajo ataque. La familia está bajo ataque. La iglesia está bajo ataque. La libertad religiosa está bajo ataque. La libertad de expresión está bajo ataque. Los no nacidos están bajo ataque. Los viejos y los enfermos están bajo ataque. Las mismas bases de la sociedad están bajo ataque. ¡Tendríamos que estar ciegos para no ver lo que está pasando! Estamos inmersos en un conflicto épico espiritual entre la vida y la muerte, la verdad y la mentira, la humildad y el orgullo, la luz y la oscuridad, el bien y el mal.

Y tenemos el privilegio de asumir un papel en esta batalla espiritual. Tenemos el privilegio de elegir bandos, decidir si toleramos y aceptamos el mal o luchamos contra él con todas nuestras fuerzas. No olvidemos que Jesús nos dejó una orden muy clara: hacer discípulos de todas las naciones, luchar contra la injusticia sin importar la persecución y el dolor que debamos soportar. De hecho, la alegría que experimentamos como cristianos se vuelve más real e intensa cuando emprendemos activamente la lucha contra el mal de una manera valiente en lugar de solo tratar de vivir un cristianismo cómodo. Esa es la decisión que todos tenemos ante nosotros: luchar contra el mal o aceptarlo cobardemente. En efecto, esa decisión —muy cercana a la de tener fe en Cristo— es la más importante que haremos en la vida.[8]

Sin embargo, ¡todo eso no significaría nada si no existiera el infierno!

Digámoslo de una vez: es la existencia del infierno lo que hace que nuestra decisión acerca del mal sea *importante*; le da sentido de gravedad. Sin el infierno, la guerra entre el bien y el mal no sería una guerra; ni siquiera sería una escaramuza. ¿A quién le importarían los ataques a la familia, a la iglesia, a nuestros valores y a la vida si no hubiera justicia suprema ni consecuencias finales?

Esto nos lleva de vuelta a una pregunta que planteamos al comienzo de este libro. Incluso si aceptáramos la existencia del infierno como una doctrina de fe, ¿qué fin tendría leer una guía de viaje a ese lugar? ¿Por qué no simplemente tener un intercambio de ideas agradable y racional sobre la naturaleza del bien y del mal? ¿O sobre la naturaleza del libre albedrío? ¿O incluso sobre la idea del infierno en abstracto? ¿Por qué molestarnos en pasar a través de todos los macabros detalles relacionados con la Gehena? ¿Por qué someternos a una descripción tan horrible y masoquista de sufrimiento, cuando la vida misma ya está tan llena de dolor?

La simple razón es que no podemos tomar una decisión duradera para luchar contra nuestras propias inclinaciones perversas y contra los malos tiempos en los que vivimos a menos que sepamos lo que subyace en el fondo de la lucha, a menos que sepamos cuál es la raíz del combate. En otras palabras, no podemos hacer una elección monumental *a favor* o *en contra* de Dios a menos que tengamos acceso a todos los hechos. Y el infierno, aunque tremendamente desagradable, es un *hecho*.

Además, es un hecho que debe abordarse no solo como un concepto espiritual abstracto, sino también como una realidad física concreta. Para comprender realmente las profundidades de la oscuridad diabólica, tenemos que entrar en su interior. Al igual

188 | El infierno

que Dante en su *Infierno*, tenemos que humillarnos y buscar el núcleo más íntimo de nuestro ser y nuestra propia capacidad para el mal. Tenemos que identificar al Satanás que vive y se esconde en nuestras entrañas, golpeando el aire helado y malvado en el fondo de nuestras almas con sus alas, impulsando ese viento maligno en nuestras mentes, pensamientos, palabras y acciones con el fin de crear una atmósfera tóxica infernal en nuestras vidas. Tenemos que entender esa dinámica demoníaca real, tanto psicológica como metafísicamente, antes de que podamos hacer un verdadero ascenso, con fe y coraje, del infierno a una nueva luz del día de nuestras almas.

La razón humana por sí sola no es suficiente para este viaje exploratorio. Se necesita una humildad verdadera. Como dijimos al comienzo de esta guía, tenemos que bajar antes de poder subir. Tenemos que atravesar la oscuridad e incluso sumergirnos en ella para finalmente ver la luz. En esencia, tenemos que reconocer el mal y arrepentirnos antes de que podamos ser perdonados. Tenemos que ser crucificados antes de que podamos experimentar la resurrección.[9]

Visualizar los tormentos del infierno es la mejor manera de hacerlo porque implica mortificar nuestro orgullo. Implica aceptar que no somos nada sin Dios. No importa cuán inteligentes, bonitos, ricos o poderosos seamos. Sin Dios, estamos condenados a la infelicidad. Sin Dios, no hay verdad, ni bondad, ni belleza, ni gracia, ni crecimiento, ni amor, ni alegría. Sin Dios, solo hay una cosa: el infierno.

Por eso ha sido necesario este viaje.

Por supuesto, hay mucho más en la vida espiritual que tratar de evitar el infierno. Eso es solo el comienzo. Tomás de Aquino dijo: «Si el objetivo más importante de un capitán fuera preservar su barco, lo mantendría en el puerto para siempre». Pero ese no es el objetivo mayor. El propósito de tener un barco es viajar a un destino lejano, vivir una aventura, experimentar alegría. Del mismo modo, el objetivo principal de la vida no es solo arrepentirse del pecado, sino *dejar* de pecar. No solo dejar de pecar, sino avanzar en santidad.

Hemos hablado mucho en este libro sobre el diablo y cuánto quiere destruir a los seres humanos. Eso es absolutamente cierto. Pero también es cierto que no podemos tenerle miedo, sobre todo si somos cristianos comprometidos. Alguien dijo una vez que el diablo es como un perro vicioso sujeto a una cadena de dos metros. La estrategia más efectiva para todos sus terribles ataques y tentaciones se puede resumir en seis pequeñas palabras: *¡no te pongas a su alcance!*

Si queremos evitar que el maligno nos atrape en sus fauces, no podemos acercarnos demasiado al mal. Es así de simple. Y la mejor manera de evitar el mal es dejar de pecar.[10] Pecar, y en particular el pecado obstinado, es el equivalente a huir de Dios hacia los brazos del diablo. Si nos alejamos lo suficiente del diablo, todo lo que puede hacer es ladrar e intentar asustarnos. Es solo otro perro inofensivo sujeto a una cadena. La única forma en que puede lastimarnos es que nos entreguemos a él.

Así que, ¡no lo hagamos!

Una vez que hayamos adquirido cierta medida de autocontrol y de autodisciplina, podremos comenzar a hacer aún más en la vida espiritual. Podremos tratar de crecer en fe y en amor, con el fin de esforzarnos para estar en una unión cada vez más estrecha con Dios. De hecho, el propósito más profundo de la vida es conocer, amar y servir a Dios, y luego ser feliz con él para siempre en el paraíso.

¿Cómo exactamente se puede lograr eso? Diversas tradiciones dentro del cristianismo enfatizan diferentes vías para llegar al Todopoderoso: la fe, el bautismo, la oración, el ayuno, la penitencia, la virtud, los sacramentos. Pero todas ellas coinciden en una cosa: *debemos ir a través de Jesucristo*. Lo sepamos o no, lo aceptemos o no, lo creamos o no, él es el Señor. Él es el vencedor sobre el pecado y la muerte. Él es la puerta a la felicidad eterna. Él es «el camino, la verdad y la vida».[11]

Cristo es el medio para ampliar el alma. En definitiva, de eso se trata la vida espiritual: ampliar el alma hasta tal punto que pueda contener la máxima cantidad de Dios, adoptar una actitud de total confianza como la de un niño, receptiva y maravillada para irradiar el gozo de Cristo en todas nuestras acciones, sin importar las circunstancias, sin importar el sufrimiento. Mientras más unido estés con Dios, más verdad, bondad, belleza y alegría sentirás aquí en la tierra y luego, más tarde, en el cielo.

¡Sí, en el cielo!

> Ningún ojo ha visto, ningún oído ha escuchado,
> Ninguna mente humana ha concebido
> Lo que Dios ha preparado para quienes lo aman.[12]

¡Qué lugar tan diferente al cielo es el infierno! ¡Y qué distinto el tipo de guía de viaje para describirlo! Más que oscuro y aterrador, el cielo se iluminará con la luz brillante de un sol que nunca se pondrá y estallará con colores más deslumbrantes que nadie haya visto jamás. En lugar de ser un páramo yermo y maligno, estará lleno de todas las formas imaginables de vida en un entorno espectacular que se complementará con magníficas montañas, valles, ríos, océanos y bosques. En vez de un lugar de trabajo penoso y de esclavitud, será una tierra de actividad, energía, música, aprendizaje, libertad y diversión. Más que una prisión sombría de almas perdidas, con todos sus habitantes trágicos y sin esperanza, en guerra entre sí, será una ciudad gloriosa cuyos ciudadanos compartirán los lazos más profundos de afecto, intimidad y amor.[13]

Y los que tengamos la bendición de ir a ese maravilloso lugar después de dejar este mundo y encontrarnos con nuestros seres queridos nuevamente, no solo veremos espíritus tenues e invisibles. Después de la resurrección, nuestros amigos y familiares serán reales, seres humanos viviendo con cuerpos glorificados y carne cálida, vibrante, además de voces claras y reconocibles. Y podremos abrazarlos, disfrutar tiempo con ellos, forjar recuerdos, reír con ellos, emprender nuevas aventuras con ellos y disfrutar de la vida por toda la eternidad con ellos. Pero ese viaje turístico al cielo, el mejor parque de diversiones de Dios, es un recorrido distinto para un día diferente. Este viaje que hemos hecho ahora, gracias a Dios, ha finalizado.

· · ·

Mi guía y yo llegamos a un camino escondido y regresamos al mundo brillante. Sin ganas de descansar, subimos —él primero, yo tras él— hasta que vi, a través de una abertura, algo de la belleza del cielo. Fue a partir de ahí que emergimos para contemplar, una vez más, las estrellas.

—Líneas finales de *El infierno,* de Dante Alighieri
(traducción del autor)

Reconocimientos

D eseo expresar mi gratitud a todas las buenas personas de Thomas Nelson, especialmente a mis brillantes editores, Brigitta Nortker y Webster Younce. A mi gerente literario, Peter Miller; a mi talentoso asistente de investigación, Jonathan Caulk y, finalmente, a mi bella esposa, Jordan.

Apéndice

El infierno, Satanás y los demonios en la Biblia

El infierno

Deuteronomio 30:19: Hoy pongo al cielo y a la tierra por testigos contra ti, de que te he dado a elegir entre la vida y la muerte, entre la bendición y la maldición. Elige, pues, la vida, para que vivan tú y tus descendientes.

Isaías 66:23-24: Sucederá que de una luna nueva a otra, y de un sábado a otro, toda la humanidad vendrá a postrarse ante mí —dice el SEÑOR—. Entonces saldrán y contemplarán los cadáveres de los que se rebelaron contra mí. Porque no morirá el gusano que los devora, ni se apagará el fuego que los consume: ¡repulsivos serán a toda la humanidad!

Jeremías 21:8: Y a este pueblo adviértele que así dice el Señor: «Pongo delante de ustedes el camino de la vida y el camino de la muerte».

Daniel 12:2: Del polvo de la tierra se levantarán las multitudes de los que duermen, algunos de ellos para vivir por siempre, pero otros para quedar en la vergüenza y en la confusión perpetuas.

Mateo 3:7, 12: Pero, al ver que muchos fariseos y saduceos llegaban adonde él estaba bautizando, les advirtió: «¡Camada de víboras! ¿Quién les dijo que podrán escapar del castigo que se acerca?... Tiene el aventador en la mano y limpiará su era, recogiendo el trigo en su granero; la paja, en cambio, la quemará con fuego que nunca se apagará».

Mateo 5:22: Pero yo les digo que todo el que se enoje con su hermano quedará sujeto al juicio del tribunal. Es más, cualquiera que insulte a su hermano quedará sujeto al juicio del Consejo. Y cualquiera que lo maldiga quedará sujeto al fuego del infierno.

Mateo 5:29-30: Por tanto, si tu ojo derecho te hace pecar, sácatelo y tíralo. Más te vale perder una sola parte de tu cuerpo, y no que todo él sea arrojado al infierno. Y, si tu mano derecha te hace pecar, córtatela y arrójala. Más te vale perder una sola parte de tu cuerpo, y no que todo él vaya al infierno.

Mateo 7:13: Entren por la puerta estrecha. Porque es ancha la puerta y espacioso el camino que conduce a la destrucción, y muchos entran por ella.

Mateo 8:12: Pero a los súbditos del reino se les echará afuera, a la oscuridad, donde habrá llanto y rechinar de dientes.

Mateo 10:28: No teman a los que matan el cuerpo, pero no pueden matar el alma. Teman más bien al que puede destruir alma y cuerpo en el infierno.

Mateo 13:38-42: El campo es el mundo, y la buena semilla representa a los hijos del reino. La mala hierba son los hijos del maligno, y el enemigo que la siembra es el diablo. La cosecha es el fin del mundo, y los segadores son los ángeles.

Así como se recoge la mala hierba y se quema en el fuego, ocurrirá también al fin del mundo. El Hijo del hombre enviará a sus ángeles, y arrancarán de su reino a todos los que pecan y hacen pecar. Los arrojarán al horno encendido, donde habrá llanto y rechinar de dientes.

Mateo 13:49-50: Así será al fin del mundo. Vendrán los ángeles y apartarán de los justos a los malvados, y los arrojarán al horno encendido, donde habrá llanto y rechinar de dientes.

Mateo 16:18: Yo te digo que tú eres Pedro, y sobre esta piedra edificaré mi iglesia, y las puertas del reino de la muerte no prevalecerán contra ella.

Mateo 18:8-9: Si tu mano o tu pie te hace pecar, córtatelo y arrójalo. Más te vale entrar en la vida manco o cojo que ser arrojado al fuego eterno con tus dos manos y tus dos pies. Y, si tu ojo te hace pecar, sácatelo y arrójalo. Más te vale entrar tuerto en la vida que con dos ojos ser arrojado al fuego del infierno.

Mateo 23:15: ¡Ay de ustedes, maestros de la ley y fariseos, hipócritas! Recorren tierra y mar para ganar un solo adepto, y cuando lo han logrado lo hacen dos veces más merecedor del infierno que ustedes.

Mateo 23:33: ¡Serpientes! ¡Camada de víboras! ¿Cómo escaparán ustedes de la condenación del infierno?

Mateo 25:30: Y a ese siervo inútil échenlo afuera, a la oscuridad, donde habrá llanto y rechinar de dientes.

Mateo 25:41: Luego dirá a los que estén a su izquierda: «Apártense de mí, malditos, al fuego eterno preparado para el diablo y sus ángeles».

Mateo 25:46: Aquellos irán al castigo eterno, y los justos a la vida eterna.

Marcos 3:29: Excepto a quien blasfeme contra el Espíritu Santo. Este no tendrá perdón jamás; es culpable de un pecado eterno.

Marcos 9:43-49: Si tu mano te hace pecar, córtatela. Más te vale entrar en la vida manco que ir con las dos manos al infierno, donde el fuego nunca se apaga. Y, si tu pie te hace pecar, córtatelo. Más te vale entrar en la vida cojo que ser arrojado con los dos pies al infierno. Y, si tu ojo te hace pecar, sácatelo. Más te vale entrar tuerto en el reino de Dios que ser arrojado con los dos ojos al infierno, donde «su gusano no muere, y el fuego no se apaga». La sal con que todos serán sazonados es el fuego.

Lucas 12:5: Les voy a enseñar más bien a quién deben temer: teman al que, después de dar muerte, tiene poder para echarlos al infierno. Sí, les aseguro que a él deben temerle.

Lucas 13:27-28: Pero él les contestará: Les repito que no sé quiénes son ustedes. ¡Apártense de mí, todos ustedes hacedores de injusticia! Allí habrá llanto y rechinar de dientes cuando vean en el reino de Dios a Abraham, Isaac, Jacob y a todos los profetas, mientras a ustedes los echan fuera.

Juan 3:36: El que cree en el Hijo tiene vida eterna; pero el que rechaza al Hijo no sabrá lo que es esa vida, sino que permanecerá bajo el castigo de Dios.

Romanos 2:5: Pero por tu obstinación y por tu corazón empedernido sigues acumulando castigo contra ti mismo para el día de la ira, cuando Dios revelará su justo juicio.

Filipenses 3:18-19: Como les he dicho a menudo, y ahora lo repito hasta con lágrimas, muchos se comportan como enemigos de la cruz de Cristo. Su destino es la destrucción, adoran al dios de sus propios deseos y se enorgullecen de lo que es su vergüenza. Solo piensan en lo terrenal.

2 Tesalonicenses 1:8-9: Para castigar a los que no reconocen a Dios ni obedecen el evangelio de nuestro Señor Jesús. Ellos sufrirán el castigo de la destrucción eterna, lejos de la presencia del Señor y de la majestad de su poder.

Hebreos 6:1-2: Por eso, dejando a un lado las enseñanzas elementales acerca de Cristo, avancemos hacia la madurez. No volvamos a poner los fundamentos, tales como el arrepentimiento de las obras que conducen a la muerte, la fe en Dios, la instrucción sobre bautismos, la imposición de manos, la resurrección de los muertos y el juicio eterno.

Hebreos 10:26-27: Si después de recibir el conocimiento de la verdad pecamos obstinadamente, ya no hay sacrificio por los pecados. Solo queda una terrible expectativa de juicio, el fuego ardiente que ha de devorar a los enemigos de Dios.

Santiago 3:6: También la lengua es un fuego, un mundo de maldad. Siendo uno de nuestros órganos, contamina todo el cuerpo y, encendida por el infierno, prende a su vez fuego a todo el curso de la vida.

2 Pedro 2:4: Dios no perdonó a los ángeles cuando pecaron, sino que los arrojó al abismo, metiéndolos en tenebrosas cavernas y reservándolos para el juicio.

Judas 6-7, 13: Y a los ángeles que no mantuvieron su posición de autoridad, sino que abandonaron su propia morada, los tiene perpetuamente encarcelados en oscuridad para el juicio del gran Día. Así también Sodoma y Gomorra y las ciudades vecinas son puestas como escarmiento, al sufrir el castigo de un fuego eterno, por haber practicado, como aquellos, inmoralidad sexual y vicios contra la naturaleza... Son violentas olas del mar, que arrojan la espuma de sus actos vergonzosos. Son estrellas fugaces, para quienes está reservada eternamente la más densa oscuridad.

Apocalipsis 9:2: Lo abrió, y del pozo subió una humareda, como la de un horno gigantesco; y la humareda oscureció el sol y el aire.

Apocalipsis 9:11: El rey que los dirigía era el ángel del abismo, que en hebreo se llama Abadón y en griego Apolión.

Apocalipsis 14:10-11: Beberá también el vino del furor de Dios, que en la copa de su ira está puro, no diluido. Será atormentado con fuego y azufre, en presencia de los santos ángeles y del Cordero. El humo de ese tormento sube por los siglos de los siglos. No habrá descanso ni de día ni de noche para el que adore a la bestia y su imagen, ni para quien se deje poner la marca de su nombre.

Apocalipsis 19:20: Pero la bestia fue capturada junto con el falso profeta. Este es el que hacía señales milagrosas en presencia de ella, con las cuales engañaba a los que habían recibido la marca de la bestia y adoraban su imagen. Los dos fueron arrojados vivos al lago de fuego y azufre.

Apocalipsis 20:10: El diablo, que los había engañado, será arrojado al lago de fuego y azufre, donde también habrán sido arrojados la bestia y el falso profeta. Allí serán atormentados día y noche por los siglos de los siglos.

Apocalipsis 20:13: El mar devolvió sus muertos; la muerte y el infierno devolvieron los suyos; y cada uno fue juzgado según lo que había hecho.

Apocalipsis 20:14-15: La muerte y el infierno fueron arrojados al lago de fuego. Este lago de fuego es la muerte segunda. Aquel cuyo nombre no estaba escrito en el libro de la vida era arrojado al lago de fuego.

Apocalipsis 21:8: Pero los cobardes, los incrédulos, los abominables, los asesinos, los que cometen inmoralidades sexuales, los que practican artes mágicas, los idólatras y todos los mentirosos recibirán como herencia el lago de fuego y azufre. Esta es la segunda muerte.

Satanás y los demonios

Isaías 14:12-15: ¡Cómo has caído del cielo, lucero de la mañana! Tú, que sometías a las naciones, has caído por tierra. Decías en tu corazón: «Subiré hasta los cielos. ¡Levantaré mi trono por encima de las estrellas de Dios! Gobernaré desde el extremo norte, en el monte de la reunión. Subiré a la cresta de las más altas nubes, seré semejante al Altísimo». ¡Pero has sido arrojado al sepulcro, a lo más profundo de la fosa!

1 Crónicas 21:1: Satanás conspiró contra Israel e indujo a David a hacer un censo del pueblo.

Job 1:6-8: Llegó el día en que los ángeles debían hacer acto de presencia ante el Señor, y con ellos se presentó también Satanás. Y el Señor le preguntó: —¿De dónde vienes? —Vengo de rondar la tierra, y de recorrerla de un extremo a otro —le respondió Satanás. —¿Te has puesto a pensar en mi siervo Job? —volvió a preguntarle el Señor—. No hay en la tierra nadie como él; es un hombre recto e intachable, que me honra y vive apartado del mal.

Zacarías 3:1-2: Entonces me mostró a Josué, el sumo sacerdote, que estaba de pie ante el ángel del Señor, y a Satanás, que estaba a su mano derecha como parte acusadora. El ángel del Señor le dijo a Satanás: «¡Que te reprenda el Señor, que ha escogido a Jerusalén! ¡Que el Señor te reprenda, Satanás! ¿Acaso no es este hombre un tizón rescatado del fuego?».

Mateo 4:1: Luego el Espíritu llevó a Jesús al desierto para que el diablo lo sometiera a tentación.

Mateo 4:5-11: Luego el diablo lo llevó a la ciudad santa e hizo que se pusiera de pie sobre la parte más alta del templo, y le dijo: —Si eres el Hijo de Dios, tírate abajo. Porque escrito está: «Ordenará que sus ángeles te sostengan en sus manos, para que no tropieces con piedra alguna». —También está escrito: «No pongas a prueba al Señor tu Dios» —le contestó Jesús. De nuevo lo tentó el diablo, llevándolo a una montaña muy alta, y le mostró todos los reinos del mundo y su esplendor. —Todo esto te daré si te postras y me adoras.—¡Vete, Satanás! —le dijo Jesús—. Porque escrito está: «Adora al Señor tu Dios y sírvele solamente a él». Entonces el diablo lo dejó, y unos ángeles acudieron a servirle.

Mateo 12:24: Pero, al oírlo los fariseos, dijeron: «Este no expulsa a los demonios sino por medio de Beelzebú, príncipe de los demonios».

Mateo 12:26: Y, si Satanás expulsa a Satanás, está dividido contra sí mismo. ¿Cómo puede, entonces, mantenerse en pie su reino?

Mateo 13:19: Cuando alguien oye la palabra acerca del reino y no la entiende, viene el maligno y arrebata lo que se sembró en su corazón. Esta es la semilla sembrada junto al camino.

Mateo 13:25: Pero, mientras todos dormían, llegó su enemigo y sembró mala hierba entre el trigo, y se fue.

Mateo 13:38-39: El campo es el mundo, y la buena semilla representa a los hijos del reino. La mala hierba son los hijos del maligno, y el enemigo que la siembra es el diablo. La cosecha es el fin del mundo, y los segadores son los ángeles.

Mateo 16:23: Jesús se volvió y le dijo a Pedro: —¡Aléjate de mí, Satanás! Quieres hacerme tropezar; no piensas en las cosas de Dios, sino en las de los hombres.

Mateo 17:18: Jesús reprendió al demonio, el cual salió del muchacho, y este quedó sano desde aquel momento.

Mateo 25:41: Luego dirá a los que estén a su izquierda: «Apártense de mí, malditos, al fuego eterno preparado para el diablo y sus ángeles».

Marcos 1:23-26: De repente, en la sinagoga, un hombre que estaba poseído por un espíritu maligno gritó: —¿Por qué te entrometes, Jesús de Nazaret? ¿Has venido a destruirnos? Yo sé quién eres tú: ¡el Santo de Dios! —¡Cállate! —lo reprendió Jesús—. ¡Sal de ese hombre! Entonces el espíritu maligno sacudió al hombre violentamente y salió de él dando un alarido.

Marcos 1:32-34: Al atardecer, cuando ya se ponía el sol, la gente le llevó a Jesús todos los enfermos y endemoniados, de manera que la población entera se estaba congregando a la puerta. Jesús sanó a muchos que padecían de diversas enfermedades. También expulsó a muchos demonios, pero no los dejaba hablar porque sabían quién era él.

Marcos 8:33: Pero Jesús se dio la vuelta, miró a sus discípulos, y reprendió a Pedro. —¡Aléjate de mí, Satanás! —le dijo—. Tú no piensas en las cosas de Dios, sino en las de los hombres.

Marcos 9:25: Al ver Jesús que se agolpaba mucha gente, reprendió al espíritu maligno. —Espíritu sordo y mudo —dijo—, te mando que salgas y que jamás vuelvas a entrar en él.

Lucas 4:1-13: Jesús, lleno del Espíritu Santo, volvió del Jordán y fue llevado por el Espíritu al desierto. Allí estuvo cuarenta días y fue tentado por el diablo. No comió nada durante esos días, pasados los cuales tuvo hambre. —Si eres el Hijo de Dios —le propuso el diablo—, dile a esta piedra que se convierta en pan. Jesús le respondió: —Escrito está: «No solo de pan vive el hombre». Entonces el diablo lo llevó a un lugar alto y le mostró en un instante todos los reinos del mundo. —Sobre estos reinos y todo su esplendor —le dijo—, te daré la autoridad, porque a mí me ha sido entregada, y puedo dársela a quien yo quiera. Así que, si me adoras, todo será tuyo. Jesús le contestó: —Escrito está: «Adora al Señor tu Dios y sírvele solamente a él». El diablo lo llevó luego a Jerusalén e hizo que se pusiera de pie en la parte más alta del templo, y le dijo: —Si eres el Hijo de Dios, ¡tírate de aquí! Pues escrito está: «Ordenará que sus ángeles te cuiden. Te sostendrán en sus manos para que no tropieces con piedra alguna». —También está escrito: «No pongas a prueba al Señor tu Dios» —le replicó Jesús. Así que el diablo, habiendo agotado todo recurso de tentación, lo dejó hasta otra oportunidad.

Lucas 11:18: Por tanto, si Satanás está dividido contra sí mismo, ¿cómo puede mantenerse en pie su reino? Lo pregunto porque ustedes dicen que yo expulso a los demonios por medio de Beelzebú.

Lucas 22:31: Simón, Simón, mira que Satanás ha pedido zarandearlos a ustedes como si fueran trigo.

Juan 8:44: Ustedes son de su padre, el diablo, cuyos deseos quieren cumplir. Desde el principio este ha sido un asesino, y no se mantiene en la verdad, porque no hay verdad en él. Cuando miente, expresa su propia naturaleza, porque es un mentiroso. ¡Es el padre de la mentira!

Juan 12:31: El juicio de este mundo ha llegado ya, y el príncipe de este mundo va a ser expulsado.

Juan 14:30: Ya no hablaré más con ustedes, porque viene el príncipe de este mundo. Él no tiene ningún dominio sobre mí.

Juan 16:8-11: Y, cuando él venga, convencerá al mundo de su error en cuanto al pecado, a la justicia y al juicio; en cuanto al pecado, porque no creen en mí; en cuanto a la justicia, porque voy al Padre y ustedes ya no podrán verme; y en cuanto al juicio, porque el príncipe de este mundo ya ha sido juzgado.

Hechos 10:38: Me refiero a Jesús de Nazaret: cómo lo ungió Dios con el Espíritu Santo y con poder, y cómo anduvo haciendo el bien y sanando a todos los que estaban oprimidos por el diablo, porque Dios estaba con él.

2 Corintios 4:4: El dios de este mundo ha cegado la mente de estos incrédulos, para que no vean la luz del glorioso evangelio de Cristo, el cual es la imagen de Dios.

2 Corintios 6:15: ¿Qué armonía tiene Cristo con el diablo? ¿Qué tiene en común un creyente con un incrédulo?

2 Corintios 11:3: Pero me temo que, así como la serpiente con su astucia engañó a Eva, los pensamientos de ustedes sean desviados de un compromiso puro y sincero con Cristo.

2 Corintios 12:7: Para evitar que me volviera presumido por estas sublimes revelaciones, una espina me fue clavada en el cuerpo, es decir, un mensajero de Satanás, para que me atormentara.

Efesios 2:2: En los cuales andaban conforme a los poderes de este mundo. Se conducían según el que gobierna las tinieblas, según el espíritu que ahora ejerce su poder en los que viven en la desobediencia.

Efesios 6:11-12: Pónganse toda la armadura de Dios para que puedan hacer frente a las artimañas del diablo. Porque nuestra lucha no es contra seres humanos, sino contra poderes, contra autoridades, contra potestades que dominan este mundo de tinieblas, contra fuerzas espirituales malignas en las regiones celestiales.

1 Tesalonicenses 3:5: Por eso, cuando ya no pude soportarlo más, mandé a Timoteo a indagar acerca de su fe, no fuera que el tentador los hubiera inducido a hacer lo malo y que nuestro trabajo hubiera sido en vano.

2 Tesalonicenses 2:9-10: El malvado vendrá, por obra de Satanás, con toda clase de milagros, señales y prodigios falsos. Con toda perversidad engañará a los que se pierden por haberse negado a amar la verdad y así ser salvos.

1 Timoteo 3:6: No debe ser un recién convertido, no sea que se vuelva presuntuoso y caiga en la misma condenación en que cayó el diablo.

1 Pedro 5:8: Practiquen el dominio propio y manténganse alerta. Su enemigo el diablo ronda como león rugiente, buscando a quién devorar.

1 Juan 2:13-14: Les escribo a ustedes, padres, porque han conocido al que es desde el principio. Les escribo a ustedes, jóvenes, porque han vencido al maligno. Les he escrito a ustedes, queridos hijos, porque han conocido al Padre. Les he escrito a ustedes, padres, porque han conocido al que es desde el principio. Les he escrito a ustedes, jóvenes, porque son fuertes, y la palabra de Dios permanece en ustedes, y han vencido al maligno.

1 Juan 3:8: El que practica el pecado es del diablo, porque el diablo ha estado pecando desde el principio. El Hijo de Dios fue enviado precisamente para destruir las obras del diablo.

1 Juan 5:19: Sabemos que somos hijos de Dios, y que el mundo entero está bajo el control del maligno.

Apocalipsis 9:11: El rey que los dirigía era el ángel del abismo, que en hebreo se llama Abadón y en griego Apolión.

Apocalipsis 12:4: Con la cola arrastró la tercera parte de las estrellas del cielo y las arrojó sobre la tierra. Cuando la mujer estaba a punto de dar a luz, el dragón se plantó delante de ella para devorar a su hijo tan pronto como naciera.

Apocalipsis 12:9-10: Así fue expulsado el gran dragón, aquella serpiente antigua que se llama Diablo y Satanás, y que engaña al mundo entero. Junto con sus ángeles, fue arrojado a la tierra. Luego oí en el cielo un gran clamor: «Han llegado ya la salvación y el poder y el reino de nuestro Dios; ha llegado ya la autoridad de su Cristo. Porque ha sido expulsado el acusador de nuestros hermanos, el que los acusaba día y noche delante de nuestro Dios».

Apocalipsis 12:12: Por eso, ¡alégrense, cielos, y ustedes que los habitan! Pero ¡ay de la tierra y del mar! El diablo, lleno de furor, ha descendido a ustedes, porque sabe que le queda poco tiempo.

Apocalipsis 13:4: Y adoraba al dragón porque había dado su autoridad a la bestia. También adoraban a la bestia y decían: «¿Quién como la bestia? ¿Quién puede combatirla?».

Apocalipsis 16:14: Son espíritus de demonios que hacen señales milagrosas y que salen a reunir a los reyes del mundo entero para la batalla del gran día del Dios Todopoderoso.

Apocalipsis 20:10: El diablo, que los había engañado, será arrojado al lago de fuego y azufre, donde también habrán sido arrojados la bestia y el falso profeta. Allí serán atormentados día y noche por los siglos de los siglos.

Bibliografía

Biblias

La Santa Biblia: Nueva Versión Internacional. Copyright ©
1973, 1978, 1984, 2011 por Biblica, Inc.®

Otras obras

Alighieri, Dante. *The Divine Comedy: The Inferno, The
Purgatorio* y *The Paradiso*. Traducido por John Ciardi.
Nueva York: New American Library, 2003 (*La divina
comedia*. Traducido por Abilio Echeverría. España:
Editorial Alianza , *2013*).

Amorth, Gabriele, *An Exorcist Tell His Story*. Traducido por
Nicoletta V. MacKenzie. San Francisco: Ignatius Press,
1999.

Aquino, Tomás de. *Quaestiones Disputatae de Veritate*. Chicago:
Henry Regnery, 1952, 1953, 1954. Ver https://dhspriory.org/

thomas/QDdeVer.htm. (*Cuestiones disputadas sobre la verdad.* Navarra: Editorial EUNSA, 2016).

_____. *Summa Contra Gentiles.* 5 vols. Notre Dame, IN: University of Notre Dame Press, 1975-97.

_____. *Summa Theologiae.* Editado por John Mortensen y Enrique Alarcón. Traducido por Laurence Shapcote. Lander. WY: Aquinas Institute for the Study of Sacred Doctrine, 2012 (*Suma teológica*. Madrid: Biblioteca de autores cristianos, 2010).

Aristotle. *Physics.* Traducido por Robin Waterfield. Nueva York: Oxford University Press, 2008.

Athenagoras. «A Plea for the Christians (31)». Traducido por B. P. Patten. In *Fathers of the Second Century: Hermas, Tatian, Athenagoras, Theophilus, and Clement of Alexandria.* Vol. 2 de *The Ante-Nicene Fathers,* editado por Alexander Roberts, James Donaldson y Arthur Cleveland Coxe. Reimpresión, Nueva York: Cosimo Classics, 2007.

Augustín. *The City of God Against the Pagans.* Editado y traducido por R. W. Dyson. Nueva York: Cambridge University Press, 1998 (*La ciudad de Dios.* Wentworth Press, 2018).

Bellarmine, Robert. *Hell and Its Torments.* Charlotte, NC: Tan Books, 2009.

_____. *Spiritual Writings.* Editado y traducido por John Patrick Donnelly y Roland J. Teske. Nueva York: Paulist Press, 1989. Ver el capítulo 4.

Berger, Peter L. *A Rumor of Angels: Modern Society and the Rediscovery of the Supernatural.* Garden City, NY: Doubleday, 1969.

Bernstein, Alan E. *The Formation of Hell: Death and Retribution in the Ancient and Early Christian World.* Ithaca, NY: Cornell University Press, 1993.

Blanchard, John. *Whatever Happened to Hell?* Wheaton, IL: Crossway, 1995.

Buenting, Joel, ed. *The Problem of Hell: A Philosophical Anthology.* Surrey, UK: Ashgate, 2009.

Camporesi, Piero. *The Fear of Hell: Images of Damnation and Salvation in Early Modern Europe.* Traducido por Lucinda Byatt. University Park: Penn State University Press. 1991.

Carson, Donald A. «On Banishing the Lake of Fire». En *The Gagging of God: Christianity Confronts Pluralism.* Grand Rapids, MI: Zondervan, 1996.

Chan, Francis, y Preston Sprinkle. *Erasing Hell: What God Said About Eternity and the Things We've Made Up.* Colorado Springs: David C. Cook, 2011.

Chesterton, G. K. *The Everlasting Man.* Mineola, NY: Dover Publications, 2013.

_____. *Orthodoxy.* San Francisco: Ignatius Press, 1995.

_____. *St. Francis of Assisi.* Nueva York: Image Books, 1989.

Clemente de Roma. «The Second Epistle of Clement (5:5)». En *Fathers of the Third and Fourth Century.* Vol. 7 de *The Ante-Nicene Fathers,* editado por Alexander Roberts, James Donaldson y Arthur Cleveland Coxe. Nueva York: Cosimo Classics, 2007.

Crockett, William, ed. *Four Views on Hell.* Grand Rapids, MI: Zondervan, 1992.

Cipriano de Cartago. «The Treatises of Cyprian, Treatise V: An Address to Demetrianus». En *Fathers of the Third Century.* Vol. 5 de *The Ante-Nicene Fathers,* editado por Alexander Roberts, James Donaldson y Arthur Cleveland Coxe. Nueva York: Cosimo Classics, 2007.

Cirilo de Jerusalén. «Lecture XVIII (19)». En *Cyril of Jerusalem, Gregory of Nazianzem.* Vol. 7 de *Nicene and Post Nicene*

Fathers, 2.ª serie, editado por Phillip Schaff y Henry Wallace. Nueva York: Cosimo Classics, 2007.

Deak, Esteban, «Apocatastasis: The Problem of Universal Salvation in the Twentieth Century Theology». Tesis doctoral. University of St. Michael's College, 1977.

Denzinger, H., ed. *Enchiridian Symbolorum et Definitionum* (edición francesa). Columbia, SC: Wentworth Press, 2018.

De Stefano, Anthony. *Angels All Around Us: A Sightseeing Guide to the Invisible World*. Nueva York: Image, 2011.

_____. *Inside the Atheist Mind: Unmasking the Religion of Those Who Say There Is No God*. Nashville, TN: Thomas Nelson, 2018.

_____. *The Prayers God Always Say Yes To: Divine Answers to Life's Most Difficult Problems*. Nueva York: Doubleday, 2007.

_____. *A Travel Guide to Heaven*. Nueva York: Doubleday, 2003.

_____. *A Travel Guide to Life. Transforming Yourself from Head to Soul*. Nueva York: FaithWords, 2014.

DiNoia, J. A., Gabriel O'Donnell, Romanus Cessario y Peter J. Cameron, eds. *The Love That Never Ends: A Key to the Catechism of the Catholic Church*. Huntington, IN: Our Sunday Visitor, 1996.

Dudden, F. Holmes. «The State of Damnation». En *Gregory the Great: His Place in History and Thought*, 2 vols. Londres: Longmans, Green, and Co., 1905.

Edwards, Jonathan. «Sinners in the Hand of an Angry God». En *Sinners in the Hand of an Angry God and 11 More Classic Messages*. Gainesville, FL: Bridge Logos, 2003.

«Epistle Concerning the Martyrdom of Polycarp (2:3)». En *The Apostolic Fathers with Justin Martyr and Irenaeus*. Vol. 1 de *The Ante-Nicene Fathers*, editado por Alexander Roberts,

James Donaldson y Arthur Cleveland Coxe. Nueva York: Cosimo Classics, 2007.

«The Epistle of Mathetes to Diognetus (10:7)». En *The Apostolic Fathers with Justin Martyr and Irenaeus*. Vol. 1 de *The Ante-Nicene Fathers*, editado por Alexander Roberts, James Donaldson y Arthur Cleveland Coxe. Nueva York: Cosimo Classics, 2007.

Felix Minucius. «The Octavius of Minucius Felix (34:12-5:3)». En *Fathers of the Third Century*. Vol. 4 de The *Ante-Nicene Fathers*, editado por Alexander Roberts, James Donaldson y Arthur Cleveland Coxe. Nueva York: Cosimo Classics, 2007.

Fortin, John R. «Wicked Good: Saint Anselm on the Place of Hell in the Beauty of Creation». *The Saint Anselm Journal* 8, n.º 1 (otoño 2012).

Fox, Robert J. *The Catholic Faith*, 262. Huntington, IN: Our Sunday Visitor, 1983,

Garrigou-Lagrange, Reginald. *Life Everlasting and the Immensity of the Soul: A Theological Treatise on the Four Last Things: Death, Judgment, Heaven, Hell*. Charlotte, NC: Tan Books, 1991.

Guillebaud, Harold E. *The Righteous Judge*. N.p.: E. Goodman & Son, 1941.

Hilborn, David, ed. *The Nature of Hell*. Un informe de la Comisión de la Alianza Evangélica sobre la unidad y la verdad entre los evangélicos. (ACUTE por sus siglas en inglés). Carlisle, UK: Paternoster Press, 2000.

Hippolytus, «Against Plato, On the Cause of the Universe». En *Fathers of the Third Century*. Vol. 5 de The Ante-Nicene Fathers, editado por Alexander Roberts, James Donaldson y Arthur Cleveland Coxe. Nueva York: Cosimo Classics, 2007.

Ignatius. «Epistle of Ignatius to the Efesios (16:1-2)». En *The Apostolic Fathers with Justin Martyr and Irenaeus*. Vol. 1 de *The Ante-Nicene Fathers*, editado por Alexander Roberts, James Donaldson y Arthur Cleveland Coxe. Nueva York: Cosimo Classics, 2007.

_____. «Irenaeus Against Heresies (1:10:1; 4:28:2)». En *The Apostolic Fathers with Justin Martyr and Irenaeus*. Vol. 1 de *The Ante-Nicene Fathers*, editado por Alexander Roberts, James Donaldson y Arthur Cleveland Coxe. Nueva York: Cosimo Classics, 2007.

Jones, Brian. *Hell Is Real: But I Hate to Admit It*. Colorado Springs: David C. Cook, 2011.

Jordan, Jeff. «The Topography of Divine Love». *Faith and Philosophy* 29, n.° 1 (enero 2012): 53-69. https://doi.org/10.5840/faithphil20122913.

Kistler, Don, ed. *The Wrath of Almighty God: Jonathan Edwards on God's Judgement Against Sinners*. Morgan, PA: Soli Deo Gloria, 1996.

Kvanvig. Jonathan L. *The Problem of Hell*. Nueva York: Oxford University Press, 1993.

Lactantius. «Divine Institutes (7:21)». En *Fathers of the Third and Fourth Century*. Vol. 7 de *The Ante-Nicene Fathers*, editado por Alexander Roberts, James Donaldson y Arthur Cleveland Coxe. Nueva York: Cosimo Classics, 2007.

Lewis, C. S. *The Great Divorce*. Nueva York: HarperOne, 2015.

_____. *Mere Christianity*. Nueva York: HarperCollins, 2001.

_____. *The Pilgrim's Regress*. Grand Rapids, MI: Eerdmans, 2014.

_____. *The Problem of Pain*. Nueva York: HarperOne, 2001.

_____. *The Screwtapes Letters*. Nueva York: Macmillan, 1982 (*Cartas del diablo a su sobrino*. Rayo, 2006).

Manis, R. Zachary. «Eternity Will Nail Him to Himself: The Logic of Damnation in Kierkegaard's *The Sickness unto Death*». *Religious Studies* 52, n.º 3 (septiembre 2016). https://doi.org/10.1017/S0034412515000128.

Martin, Malachi. *Hostage to the Devil*. Nueva York: HarperOne, 2002.

Martin, Regis. *The Last Things: Death, Judgment, Heaven, and Hell*. San Francisco: Ignatius Press, 1998.

Marty, Martin E. «Hell Disappeared. No One Noticed. A Civic Argument». *Harvard Theological Review* 78, n.ᵒˢ 3-4 (octubre 1985).

Martyr, Justin. «The First Apology of Justin (12, 21, 52». En *The Apostolic Fathers with Justin Martyr and Irenaeus*. Vol. 1 de *The Ante-Nicene Fathers*. Editado por Alexander Roberts, James Donaldson y Arthur Cleveland Coxe. Nueva York: Cosimo Classics, 2007.

Marthaler, Berard L. «The Second Coming and Judgment». En *The Creed: The Apostolic Faith in Contemporary Theology*. New London, CT: Twenty-Third Publications, 2007.

Matheson, B. «Escaping Heaven». *International Journal of Philosophy of Religion* 75, n.º 3 (junio 2014): 197-206.

Menezes, Wade L. J. *The Four Last Things: A Cathechetical Guide to Death, Judgment, Heaven and Hell*. Irondale, AL: EWTN Publishing, 2017.

Milton, John. *Paradise Lost*. London, UK: Penguin Books, 1990 (Publicado en español bajo el título *El paraíso perdido*).

Moore, David George. *The Battle for Hell: A Survey and Evaluation of Evangelicals' Growing Attraction to the Doctrine of Annhilationism*. Lanham, MD: University Press of America, 1995.

Morris, Leon. *The Biblical Doctrine of Judgment*. Eugene, OR: Wipf & Stock, 2006.

Mulder, Jack. *Kierkegaard and the Catholic Tradition*. Bloomington: Indiana University Press, 2010.

Ott, Ludwig. *Fundamentals of Catholic Dogma*. Charlotte, NC: TAN Books, 2009.

Packer, James I. «The Problem of Eternal Punishment». *Evangel: The British Evangelical Review* 10, n.º 2 (verano 1992): 13-19.

Peterson, Jordan B. *12 Rules for Life: An Antidote to Chaos*. Toronto: Random House Canada, 2018.

Peterson, Robert A. *Hell on Trial: The Case for Eternal Punishment*. Phillipsburg, NJ: Presbyterian and Reformed Publishing, 1995.

_____, y Christopher W. Morgan. *Hell Under Fire: Modern Scholarship Reinvents Eternal Punishment*. Grand Rapids, MI: Zondervan, 2004.

_____, y Christopher W. Morgan. *What Is Hell?* Phillipsburg, NJ: Presbyterian and Reformed Publishing, 2010.

Phan, Peter C. *Living into Death, Dying into Life: A Christian Theology of Death and Life Eternal*. Hobe Sound, FL: Lectio Publishing, 2014.

Pieper, Josef. *Death and Immortality*. Traducido por Richard y Clara Winston, South Bend, IN: St. Augustine's 2000.

Pitstick, Alyassa Lyra. *Light and Darkness: Hans Urs Von Balthasar and the Catholic Doctrine of Christ's Descent into Hell*. Grand Rapids, MI: Eerdmans, 2007.

Plantinga, Alvin. *God, Freedom and Evil*. Grand Rapids, MI: Eerdmans, 1989.

Plutarch. *Plutarch's Moralia*, vol. 7. Traducido por Phillip H. de Lacy y Benedict Einardson. Cambridge, MA: Harvard University Press, 1959.

Ratzinger, Joseph. *Eschatology: Death and Eternal Life*. Traducido por Michael Waldstein. Washington, CD: Catholic University of America, 1988.

Sartre, Jean-Paule. «No Exit». En *No Exit and The Flies*, Nueva York: Knopf, 1985.

Scupoli, Lorenzo. *The Spiritual Combat*. Manchester, NH: Sophia Press, 2002.

Schwertley, Brian *The Biblical Doctrine of Hell Examined*. Lansing, MI: Brian Schwertley, 1996. Ver http://www. reformedonline.com/uploads/1/5/0/3/15030584/the_biblilcal_doctrine_of_hell_examined.pdf.

Seymour, Charles Steven. *A Theodicy of Hell*. Dordrecht, Los Países Bajos: Kluwer Academic, 2000.

Sprinkle, Preston, y Stanley N. Gundry, eds. *Four Views on Hell*. 2ᵈᵃ. ed. Grand Rapids, MI: Zondervan, 2016.

Sproul, R. C. *Essential Truth of the Christian Faith*. Wheaton, IL: Tyndale House, 1992.

_____. *Unseen Realities: Heaven, Hell, Angels and Demons*. Ed rev. Escocia, UK: Christian Focus, 2011.

Spurgeon, Charles. *Spurgeon on Prayer and Spiritual Warfare*. New Kensington, PA: Whitaker House, 1998.

Sweeney, Jon M. *Inventing Hell: Dante, the Bible, and Eternal Torment*. Nueva York: Jericho Books, 2014.

Swift, Jonathan. *The Place of the Damn'd*. Editado por Janes D. Woolley. Dublin, Irlanda: Trinity Closet Press, 1980.

Swinburne, Richard. «A Theodicy of Heaven and Hell». En *The Existence and Nature of God*. Editado por Alfred J. Freddoso. Notre Dame, IN: Universidad de Notre Dame, 1983.

Tertullian. «Apology (18:3)». Traducido por S. Thelwall. En *Latin Christianity*. Vol. 3 de *The Ante-Nicene Fathers*, editado por Alexander Roberts, James Donaldson y Arthur Cleveland Coxe. Nueva York: Cosimo Classics, 2007.

Theophilus of Antioch. «To Autolycus (1:14)». Traducido por Marcus Dods. En *Fathers of the Second Century: Hermas, Tatian, Theophilus, Athenagoras, and Clement of Alexandria*. Vol. 2 de *The Ante-Nicene Fathers*, editado por Alexander Roberts. James Donaldson y Arthur Cleveland Coxe. Nueva York: Cosimo Classics, 2007.

Toon, Peter. *Heaven and Hell: A Biblical and Theological Overview*. Nashville, TN: Thomas Nelson, 1986.

Turnbull, William B. *The Vision of Tundale*. Victoria, Australia: Leopold Classics Library, 2015.

U.S. Catholic Church. *Catechism of the Catholic Church*. Nueva York: Doubleday, 2003.

Virgil. *The Aeneid*. Traducido por Robert Fagles. Nueva York: Penguin Books, 2008.

Von Balthasar, Hans Urs. *Dare We Hope: «That All Men Be Saved»? With a Short Discourse on Hell*. 2da ed. San Francisco: Ignatius Press, 2014.

Vonier, Anscar. *The Human Soul and Its Relations with Other Spirits*. Londres: Burns, Oates and Washbourne, 1939.

Vorglimler, Herbert. *Geschichte der Hölle*. Munich, Alemania: W. Fink, 1993.

Youngblood, Ronald F. *Nelson's Illustrated Bible Dictionary*. Nashville, TN: Thomas Nelson, 2014.

Walker, D. P. *The Decline of Hell: Seventeenth-Century Discussions of Eternal Torment*. Chicago: University of Chicago Press, 1964.

Walls, Jerry. *Heaven, Hell, and Purgatory: Rethinking the Things That Matter Most*. Grand Rapids, MI: Brazos Press, 2015.

_____. *Hell: The Logic of Damnation*. Notre Dame, IN: University of Notre Dame Press, 1992.

_____. ed. *The Oxford Handbook of Eschatology*. Nueva York: Oxford University Press, 2008.

Wiersbe, Warren W. *La estrategia de Satanás*. Grand Rapids, Michigan: Editorial Portavoz, 2000.

Notas

UN ITINERARIO INFERNAL
1. Apocalipsis 19:20; 20:10; 20:14-15; 21:18; 21:8; Mateo 8:12; Lucas 13:28.
2. Mateo 5:22, 29-30; 10:28; 18:19; 23:15, 33; Marcos 9:43, 45, 47; Lucas 12:5.
3. Isaías 66:23; Mateo 25:31-46; Juan 5:28-29; 1 Corintios 15:51-52; 2 Corintios 5:10; Apocalipsis 20:12.

CAPÍTULO 1: EL PUNTO DE PARTIDA DE NUESTRO VIAJE
1. Génesis 4.
2. R. J. Rummel, *Death by Government* (New Brunswick, NJ: Transaction Publishers, 1994), pp. 77, 141, 363.
3. Jeremías 17:9; Mateo 15:19; Lucas 6:45; Juan 3:19; Romanos 2:1-29; 7:14-25, 7:21.
4. Mateo 15:16-20; 23:1-12; Marcos 7:14-23; 12:38-40; Lucas 11:37-54; 20:45-47.

CAPÍTULO 2: EL ORIGEN DEL INFIERNO

1. Génesis 1—2.
2. Deuteronomio 33:2; Salmos 68:7, 17; 1 Samuel 17:45; 2 Crónicas 18:18; Nehemías 9:6; Jeremías 33:22; Daniel 7:9-10; 2 Reyes 6:11-17; Mateo 26:53; Romanos 9:29; Santiago 5:4; Hebreos 12:18-24; Apocalipsis 5:11-12.
3. Génesis 3:24; Isaías 6:2; Salmos 122:5; Colosenses 1:16; Efesios 3:10; 1 Tesalonicenses 4:16; Judas 9; Apocalipsis 5:11.
4. Salmos 104:4; Marcos 12:25.
5. Lucas 20:36.
6. Génesis 3:24; 19:15; 22:11; Jueces 13:19-21; Lucas 17:29; Hechos 12:7; Apocalipsis 8—9, 15—16; 2 Pedro 2:11.
7. Apocalipsis 12:7.
8. Isaías 14:12.
9. Isaías 14:13-14.
10. Apocalipsis 12:7-9; Judas 9.
11. Apocalipsis 12:4.
12. Mateo 24:36.
13. Juan 8:44.
14. Juan 8:12; 9:5; 1 Juan 1:5; Lucas 10:18.
15. Salmos 8; Apocalipsis 20.

CAPÍTULO 3: A MEDIO CAMINO DEL INFIERNO

1. Eclesiastés 12:7.
2. 1 Corintios 14:14; Romanos 8:16; Lucas 23:43; Hechos 7:59; Filipenses 1:23-24; 2 Corintios 5:8; Apocalipsis 6:9-10.
3. 1 Reyes 17:19-23; Eclesiastés 12:5-7; Mateo 17:1-3; 22:31-32; Lucas 16:19-31; 23:39-43.
4. 2 Corintios 12:8-9; Romanos 1:5; Hechos 6:8; 15:11; Efesios 2:8; 4:7; 4:16; Hebreos 13:9.
5. Juan 3:19-20.
6. Hebreos 9:27.
7. Mateo 22:30; Marcos 12:25.

8. C. S. Lewis, *Mere Christianity* (San Francisco: HarperSanFrancisco, 2001), p. 94 [*Mero cristianismo* (HarperOne, 2006)].
9. 2 Pedro 3:9; Hechos 11:18.
10. Mateo 12:31.

Capítulo 4: Caída como la de un rayo
1. 1 Timoteo 2:4; 2 Pedro 3:9; Ezequiel 18:23; Mateo 23:37.
2. Colosenses 1:16-17; Hebreos 1:3; 4:13; Salmos 24:1-2; 29:10, 147:5; Mateo 19:26.
3. Gilbert Keith Chesterton, Quotes [website], https://www.quotes.net/quote/11797.
4. Lucas 16:19-31.
5. Lucas 23:33-43, rvr1960.
6. Eclesiastés 11:9; 12:14; Hebreos 9:27; 2 Corintios 5.
7. Joel 3:14; Ezequiel 13:5; Isaías 2:12; Mateo 24:27; 25:31; Juan 6:39-40; Hechos 10:42; 17:31; Romanos 2:5-16; 14:10; 1 Corintios 4:5; 2 Corintios 5:10; 2 Timoteo 4:1; 2 Tesalonicenses 1:5; Santiago 5:7.
8. Génesis 2:7; Sabiduría 2:22-23; Eclesiastés 12:7; Proverbios 15:24; Isaías 35:10, 51:6; Daniel 12:2.
9. 1 Juan 1:5; Salmos 36:9; Juan 1:9; Apocalipsis 21:23.
10. Mateo 22:32; Lucas 16:23; 1 Corintios 15; Apocalipsis 2:17.
11. Romanos 2:15-16.
12. Isaías 14:12.
13. Lucas 10:18.
14. Isaías 48:22.

Capítulo 5: Evita un movimiento equivocado
1. Isaías 66:24; Marcos 9:48.
2. Génesis 1:27.
3. Génesis 2:7.
4. 1 Corintios 13:12; Mateo 4:23.
5. Ver el apéndice.

6. Génesis 1:1, 27; Salmos 104:24; Éxodo 31:1-6; 35:31-32; Romanos 12:6; Hebreos 2:4.

Capítulo 6: Un anticipo del dolor

1. Jeremías 2:13; Mateo 22:13.
2. 1 Corintios 13:12.
3. 1 Corintios 13:8-13; Mateo 18:10; 1 Juan 3:2; 2 Corintios 5:6-8.
4. Salmos 16:2; Mateo 19:17; Santiago 1:17.
5. Génesis 1:27; Salmos 27:4; 50:1-2; Juan 14:16; 18:37.
6. 1 Juan 4:7-21.
7. Mateo 11:28-30; Juan 14:27; 2 Tesalonicenses 3:16; Filipenses 4:7.

Capítulo 7: La llegada al infierno

1. Mateo 24:36.
2. Aristóteles, *Physics*, libro 4, trad. Robin Waterfield (Oxford: Oxford University Press, 1999), p. 111.
3. 2 Pedro 3:8.
4. 1 Corintios 3:13; Eclesiastés 12:14; Mateo 12:36; Romanos 2:16.
5. Romanos 14:11; Isaías 45:23.
6. Charles Haddon Spurgeon, «Jesus, the Judge», 25 mayo 1879, The Spurgeon Center, https://www.spurgeon.org/resource-library/sermons/jesus-the-judge#flipbook/.
7. 1 Corintios 13:12; Lucas 8:17; 1 Juan 3:2.
8. Hechos 10:42; 17:31; Juan 5:22; Romanos 2:5-6; 1 Corintios 4:5; 2 Corintios 5:10; Isaías 66:15-24; Mateo 12:36-37; 25:31-46; Apocalipsis 20:11-12.
9. Lucas 12:2-3.
10. Juan 16:23.
11. Reginald Garrigou-Lagrange, *Life Everlasting and the Immensity of the Soul: A Theological Treatise on the Four Last Things: Death, Judgment, Heaven, Hell* (Charlotte, NC: Tan Books, 1991), pp. 74-75.
12. Apocalipsis 20:12-13; Isaías 30:18; 61:8.
13. Isaías 66:23, RVA.

14. Juan 5:28-29.
15. Lucas 20:37-38.
16. Mateo 25:31-36, 46.
17. 1 Corintios 15:51-52.
18. 2 Corintios 5:10.
19. Apocalipsis 20:12.
20. 1 Corintios 15:20.
21. Mateo 26:41.
22. Mateo 13:12.

CAPÍTULO 8: UNA MONSTRUOSA TRANSFORMACIÓN
1. 1 Corintios 15:42, 52-54.
2. Marcos 9:48.
3. Isaías 66:24.
4. Juan 9:2-3.
5. 1 Corintios 6:19.
6. 1 Corintios 15:44-45.
7. 1 Corintios 15:20-23, 42-53.
8. Mateo 23:27.
9. Apocalipsis 20:12.
10. Mateo 10:15.
11. Lucas 10:13-14.
12. Apocalipsis 18:7.
13. 1 Corintios 15:20.
14. Hechos 24:15; Juan 5:28-29; Mateo 25:31-32, 46.

CAPÍTULO 9: EXPLORA EL TERRENO
1. Génesis 1:31.
2. Apocalipsis 9:1-3; 20:3; Lucas 8:31.
3. Apocalipsis 21:1.
4. Mateo 13:12.
5. Mateo 13:42; 18:8-9; 22:13; 25:30; Marcos 9:48; Apocalipsis 14:10-11; 20:10, 15; Judas.

6. C. S. Lewis, *The Screwtape Letters*, ed. rev. (Nueva York: Macmillan, 1982), p. 103 [*Cartas del diablo a su sobrino*, (Rayo, 2006)].

7. Job 15:21.

8. Isaías 34:3.

9. Ver el apéndice.

10. Judas 6; 2 Pedro 2:4; Apocalipsis 20:2.

11. R. C. Sproul, *Essential Truths of the Christian Faith* (Wheaton, IL: Tyndale House, 1992), p. 286 [*Las grandes doctrinas de la Biblia* (Miami: Unilit-Logoi, 1996)].

CAPÍTULO 10: ACTIVIDADES EN EL INFIERNO, PARTE I

1. Apocalipsis 9:1-12.

2. Job 4:15.

3. 1 Corintios 13:4-7; Lucas 22:19.

4. Juan 8:34.

5. Juan 8:32.

6. 2 Pedro 2:11.

7. Jeremías 2:20.

8. John Milton, *Paradise Lost*, libro 1, línea 263.

9. Isaías 14:12-15; Job 41:34.

10. Lucas 22:31; Job 1-2; Apocalipsis 12:10.

11. Lucas 4:18.

CAPÍTULO 11: ACTIVIDADES EN EL INFIERNO, PARTE 2

12. Salmos 37:28, 86:5; Romanos 12:19; Isaías 61:8-9; Lucas 6:36; Efesios 2:4; Tito 3:5.

13. Salmos 62:12.

14. Romanos 2:6.

15. Hebreos 10:29.

16. Mateo 25:41-46.

17. Mateo 7:7-8.

18. Romanos 2:6.

19. C. S. Lewis, *The Screwtape Letters*, ed. rev. (Nueva York: Macmillan, 1982), pp. 41-42 [*Cartas del diablo a su sobrino* (Rayo, 2006)].
20. Lucas 16:19-31.
21. Dante Alighieri, *The Divine Comedy*, trad. Juan Ciardi (Nueva York: Penguin Books, 2003), p. 54 [*La divina comedia*, trad. Abilio Echeverría (España: Editorial Alianza , 2013)].
22. Filipenses 4:7.

CAPÍTULO 12: ACTIVIDADES EN EL INFIERNO, PARTE 3
1. Apocalipsis 21:8.
2. Mateo 20:26-28; Juan 15:13; Filipenses 3:10-11.
3. Hechos 17:28.
4. Ver Edward Fudge, *The Fire That Consumes: A Biblical and Historical Study of the Doctrine of Final Punishment*, 3ra ed. (Eugene, OR: Cascade Books, 2011), o Philip Edgcumbe Hughes, *The True Image: The Origin and Destiny of Man in Christ* (Grand Rapids, MI: Eerdmans, 1989).

CAPÍTULO 13: UN DÍA EN EL INFIERNO
1. Mateo 25:46.
2. Mateo 18:8.
3. Marcos 9:48.
4. Marcos 9:48.
5. 2 Tesalonicenses 1:7.
6. Judas 6.
7. Judas 7.
8. Judas 13.
9. Apocalipsis 14:11; 19:3.
10. Apocalipsis 20:10.
11. C. S. Lewis, *The Problem of Pain* (San Francisco: HarperSanFrancisco, 2001), p. 126 [*El problema del dolor* (Rayo, 2006)].
12. Marcos 3:29.

13. Juan 8:58.
14. Apocalipsis 8:1, 22:2.

Capítulo 14: El infierno en la tierra

1. Mateo 3:2.
2. Romanos 1:5; 16:26.
3. Colosenses 1:27.
4. Filipenses 4:7.
5. 1 Pedro 5:8; 2 Timoteo 2:26.
6. Apocalipsis 1:8; Éxodo 3:14; Romanos 1:20; Salmos 102:27; Malaquías 3:6; Santiago 1:17.
7. 1 Pedro 5:8.
8. Ver el apéndice.
9. Hechos 16:18.
10. Efesios 6:12.
11. Génesis 3.
12. Mateo 4:17; Lucas 13:3; Hechos 3:19; Romanos 2:5; 5:21; 8:3; Isaías 55:7.
13. 1 Pedro 1:18-20; 2 Corintios 5:21; Filipenses 2:7.
14. Juan 8:44.
15. Juan 10:10; 14:6; Mateo 28:19.
16. Anthony DeStefano, *Inside the Atheist Mind: Unmasking the Religion of Those Who Say There Is No God* (Nashville, TN: Thomas Nelson, 2018), pp. 99-105, 108-113.
17. 1 Corintios 14:33.

Capítulo 15: ¿Pasaporte al infierno?

1. 1 Timoteo 2:4; 2 Pedro 3:9.
2. Mateo 12:31; Marcos 3:29; Lucas 12:10.
3. Isaías 1:18.
4. Romeo Hontiveros, «The Sacrament of Confession by Archbishop Fulton Sheen», PagadianDiocese.org, 17 mayo 2014, http://www.pagadiandiocese.org/2014/05/17/the-sacrament-of-confession-by-archbishop-fulton-sheen/.

5. Números 23:19; Hebreos 6:18; Tito 1:2.
6. Romanos 6:23.
7. 1 Corintios 15:32.
8. Efesios 6:10-20; Mateo 28:19; Miqueas 6:8; Santiago 1:27.
9. Santiago 4:10; Lucas 14:11; Proverbios 11:2; Salmos 149:4; Hechos 3:19.
10. Santiago 4:7.
11. Filipenses 2:11; 1 Corintios 15:57; Juan 10:9; 14:6.
12. 1 Corintios 2:9.
13. Apocalipsis 7:16-17; 21:4-7; 22:1-5; Salmos 36:5-9; 2 Pedro 3:13; Juan 14:1-3, 3:16.

Acerca del autor

Anthony DeStefano es autor *best seller* de más de veinte libros cristianos para adultos y niños. Ha aparecido en numerosos programas de televisión y radio, incluidos *Fox and Friends, Huckabee, EWTN Live* y *The 700 Club*. Su sitio web es: www. AnthonyDeStefano.com.